«L'esprit de parti abaisse les plus grands hommes jusqu'aux petitesses du peuple ».
La Bruyère

« Que veut-il, le progrès qui donne une âme à la machine et la retire à l'homme ?Qu'il soit maudit au nom du travail même, au nom du vrai travail qui fait le peuple libre et rend l'homme heureux ». **Victor Hugo. Melancholia** - *Les Contemplations*

Le nouveau Conservateur

W0382658

Numéro 13 - Avril 2024

A nos lecteurs : nous multiplions les initiatives pour que la revue en forme papier ne soit que « le navire amiral » d'une flottille réunie à l'enseigne du ***Nouveau Conservateur :*** outre notre site, de plus en plus nourri, et que nous vous invitons à consulter souvent, nos émissions sur TVL et Radio Courtoisie et notre fil « X » (à inscrire si possible dans vos favoris), nous lançons à présent deux manifestations régulières : des rencontres avec des auteurs du dernier numéro paru (François Asselineau inaugurera cette série le 21 mai à 18h), suivies d'un dîner pour ceux qui voudront prolonger la conversation, ainsi que des soirées théâtrales à prix réduit au théâtre du Nord-Ouest (la première sera le 18 juin à 20h30 avec le **Port Royal** de Montherlant). Vous trouverez tous les détails de ces initiatives dans les pages 152 à 157 de ce volume. Venez nombreux ! Et faites connaître autour de vous ***Le Nouveau Conservateur !***

Politique étrangère d'abord

Dossier :

Europe : du songe aux mensonges

L'Europe aux anciens parapets

Politique intérieure & Souveraineté

Ecologie, Patrimoine & Economie

Dossier :

Le travail a-t-il un avenir ?

Histoire, Culture & Civilisations

Conservateurs & Souverainistes

Editorial

Le Nouveau Conservateur et ses rejetons

Comme on l'aura constaté en découvrant notre couverture, ce numéro comporte deux dossiers consistants : l'un sur l'avenir du travail, l'autre sur l'Europe, ses promesses non tenues et ses mensonges. Ce numéro est donc plus épais que les autres, et, corrélativement, paraît avec un retard de quelques semaines – retard qui devrait être rattrapé avec la parution, fin juin, d'un numéro qui sera principalement consacré au commentaire des élections européennes du 9 juin, suivi d'un retour historique sur la Libération de la France (1940-1944) dont nous célébrons cette année le 80e anniversaire et, enfin, d'une petite réflexion d'inspiration très conservatrice sur les Jeux Olympiques.

Le dossier « le Travail a-t-il un avenir ? » prolonge la réflexion entamée par nos amis de l'Alliance des Conservateurs (Via, CNIP, Mouvement Conservateur), en partenariat avec notre revue, lors du passionnant colloque organisé en février dernier à Levallois. Le monde du travail et la question du travail elle-même ont toujours importé aux Conservateurs, avec les fondations du catholicisme social. Au XIXe siècle, la question sociale fut au cœur de la réflexion de ceux qui refusaient les principes de 1789 – qui se souvient encore qu'en ces temps lointains, le mot « socialiste » fit son apparition dans le langage politique en s'associant au « royalisme », l'un et l'autre récusant semblablement l'individualisme révolutionnaire ? Cependant, nos prédécesseurs ne rejetaient pas seulement l'individu-roi, mais aussi cette manie si moderne de n'envisager les relations humaines que sous les auspices d'un « contrat à durée déterminée » – ce qui explique que l'une des premières décisions de la Constituante fut de légaliser le divorce (ne voyant plus dans le mariage son caractère d'institution, mais uniquement son rudiment contractuel, sans pouvoir imaginer un contrat irrévocable), de même que, dans le même esprit individualiste, la Constituante supprima les vœux religieux, mais aussi les corporations… Est-il besoin d'ajouter que la « révolution » de mai 68 aggrava ces tendances ? Comme M. Hollande en donna galamment l'exemple, nous entrons dans l'ère de la répudiation par « touitte », tandis que nos progressistes s'attachent à offrir un cadre légal au « polyamour ». S'il n'est pas certain que cette obsession de la satisfaction individuelle et du « contrat » ait apporté un bonheur parfait à nos contemporains, il est tout à fait assuré qu'elle a largement contribué à dissoudre la société… Et que dire de ce temps consacré au travail qui est l'un des éléments majeurs de nos vies, et l'un des plus bouleversés par l'individualisme ? En ce domaine aussi, il est curieux que les gauches, extrêmes compris, se conduisent en idiots utiles des financiers les plus voraces !

Le deuxième dossier de ce numéro prolonge notre réflexion entamée avec le n°11 sur la « société du mensonge », accumulation de propagandes dont notre monde crève à petit feu. Deux mensonges étaient trop gros pour trouver leur place dans ce dossier et nous les avons donc différés : le mensonge européen et le mensonge covidique. Voici le premier, que nous abordons dans un contexte politique particulier, celui de la campagne européenne, alors que nous ignorons encore quelles listes (et quels candidats) seront en lice, ce qui nous permet de traiter de questions politiques comme une revue le fait, en posant des principes ayant vocation à entraîner des décisions pratiques, mais sans prendre position.

Élever pour unir

Dans ce registre, outre les mensonges des politiciens maestrichtiens, nous avons tenu à écouter les points de vue variés d'acteurs aussi différents que l'ancien député UMP Christian Vanneste, Laurence Trochu, présidente du Mouvement Conservateur, alliée de Reconquête ! ou Stéphane Ravier, sénateur Reconquête !, Jean-Frédéric Poisson, colistier de Florian Philippot ou François Asselineau, chantre du Frexit. Nous essaierons dans les prochaines semaines, notamment sur notre site (dont la « montée en puissance » est notable), de donner la parole à d'autres : de F-X Bellamy à M. Maréchal, de N. Dupont-Aignan à de nombreux députés Rassemblement National, nous ne manquons pas – Dieu merci ! – de politiques attachés à la France. Si nos lecteurs, comme les membres de notre équipe eux-mêmes, ne font pas le même choix le 9 juin prochain, chacun pourra mesurer que ce qui les rapproche est plus important que ce qui les éloigne et qui d'ailleurs ressort souvent de l'histoire personnelle. Tous sont attachés prioritairement à la Nation française et à la civilisation européenne - à ce sujet, insistons sur les très beaux passages de Benoît XVI qui concluent ce dossier. Faut-il rappeler que les souverainistes se sont nommés tels par refus de la dénomination anti-européens, par laquelle on tentait de les flétrir ? Nous sommes attachés, nous, au grand continent européen que détruisent les institutions mises en place sous la tutelle « atlantiste » et servies par quelques batteries de politiciens et bureaucrates réduits en carpettes…

Insistons, pour finir, sur la vitalité du Nouveau Conservateur, dont on découvrira dans ces pages qu'il a porté en son sein, grâce à une équipe dynamique et courageuse, de multiples prolongements. Mentionnons notre compte « X » (@LNCRevue) dont nos lecteurs sont invités à développer l'audience ; rappelons aussi l'importance croissante de notre site, lequel s'étoffe de nouvelles rubriques et d'articles originaux, mis en ligne sans attendre en raison de l'urgence ou d'un intérêt particulier ; et annonçons le lancement de nouvelles manifestations : des soirées théâtrales trimestrielles au Théâtre du Nord-Ouest, ainsi qu'un nouveau cadre pour nos rencontres avec nos auteurs-vedettes, sans oublier nos émissions sur Radio Courtoisie et TVLibertés. On découvrira programmes et dates de ces évènements dans les dernières pages de ce volume : autant d'occasions de nous rencontrer, et de toujours mieux nous connaître : c'est la grande famille que l'équipe du Nouveau Conservateur est fière de réunir.

Guillaume de Thieulloy **Paul-Marie Coûteaux**

Déclaration de candidature de Robert Francis Kennedy Jr.

Je suis ici pour me déclarer candidat indépendant à la présidence des États-Unis. Ce n'est pas tout. Je suis ici pour me joindre à vous tous afin de rédiger une nouvelle déclaration d'indépendance pour notre nation tout entière ! Nous déclarons notre indépendance vis-à-vis des entreprises qui ont détourné notre gouvernement ; nous déclarons notre indépendance vis-à-vis de Wall Street, de Big Tech, de Big Pharma, de Big Agri, des entreprises militaires et de leurs lobbyistes ; nous déclarons notre indépendance vis-à-vis des médias mercenaires qui renforcent l'orthodoxie des entreprises et nous incitent à craindre nos voisins et nos amis. Nous déclarons notre indépendance vis-à-vis des élites cyniques (...) Nous déclarons notre indépendance vis-à-vis des deux partis politiques et des intérêts corrompus qui les dominent, ainsi que de l'ensemble du système truqué de corruption et de mensonges...

<u>Né grâce au Nouveau Conservateur :</u>

Le Cercle ELEUTHERIA

Au début de la guerre en Ukraine, Paul-Marie Coûteaux et moi-même avons été estomaqués de voir la présentation de ce conflit par la « grande presse » d'une façon parfaitement hémiplégique, comme un affrontement entre un prédateur russe et une victime ukrainienne, sans faire appel à l'Histoire ou à la géopolitique et sans jamais questionner le rôle de l'Empire, pourtant central et destructeur. Réfléchir à la politique impériale de Washington, et notamment son influence sur la politique de la France et sur l'opinion française elle-même, est l'un de nos principaux objectifs, qui est aussi celui d'un bon nombre de géo-politistes français comme Caroline Galacteros, Jean-Bernard Pinatel, Alain Juillet, Éric Denécé, d'autres encore. Nous avons, pour ce faire, créé le Cercle Eleutheria (en grec : la conquête de la Liberté) afin d'échanger nos informations sur les divers aspects de cette influence, dangereuse pour notre indépendance, notre politique, extérieure comme intérieure, et notre avenir. Ce cercle réunit une trentaine de personnes tous les deux mois sous la forme d'un dîner. Le prochain aura lieu le 17 juin autour d'Alain juillet, ancien Directeur du Renseignement.

François Martin, Président du cercle Eleutheria

Dossier :

Europe : du songe aux mensonges

« D'où provient cette terrible vague qui menace d'emporter tout ce qui est particulier dans nos vies ? Quiconque y est allé le sait : d'Amérique. Sur la page qui suit la Grande Guerre, les historiens du futur inscriront notre époque, qui marque le début de la conquête de l'Europe par l'Amérique. Ou pis encore, cette conquête bat déjà son plein, et on ne le remarque même pas. (...) Nous nous berçons encore d'illusions quant aux objectifs philanthropiques et économiques de l'Amérique : en réalité, nous devenons les colonies de sa vie, de son mode de vie, les esclaves d'une idée qui nous est, à nous Européens, profondément étrangère : la mécanisation de l'existence. Cet asservissement économique me semble encore peu de chose comparé au danger qu'encourt l'esprit. »

Stefan Zweig

par **Paul-Marie Coûteaux**

Nos lecteurs se souviennent que nous avons entrepris l'été dernier de mettre au grand jour les mensonges majeurs de notre époque. Avec notre n°11 (*« Quand l'Occident se noie dans la mer des mensonges »*), nous avons traité de trois mensonges historiques : la Révolution française, soi-disant faite par le peuple français ; la bonne Angleterre et la mauvaise France de la Seconde Guerre Mondiale ; la prétendue participation de Vichy à la Solution finale ; puis trois mensonges impériaux : la soi-disant « démocratie » de l'empire états-unien ; les mensonges diplomatiques de Washington ; la manipulation de l'opinion internationale sur l'Ukraine. Enfin, pour cette première série, cinq mensonges ordinaires : le mensonge sur les mots, le mensonge climatique, le mensonge fiscal, le mensonge sur la démocratie et l'énorme mensonge migratoire. Dans notre n°12 (*« Agriculture, Alimentation, Santé »*), nous en avons abordé deux autres : non, la politique agricole n'en est pas une, elle est destinée à faire disparaître la paysannerie ; et non, la politique de la santé ne dépend pas tant des avancées du progrès scientifique que du respect d'une agriculture et d'une alimentation saines - ce que ce même Progrès rend de plus en plus difficile. En voici un quatorzième, le grand mensonge européen, impressionnante série de mensonges, à commencer par celui consistant à nommer *construction européenne* ce qui est en réalité une entreprise états-unienne de destruction de l'Europe. Nous aborderons prochainement un quinzième mensonge, le plus énorme, la longue série de bobards ahurissants qui ont émaillé la séquence de la Covid, jusqu'à faire passer pour *vaccin* une injection génique expérimentale qui, loin de soigner, voulait changer le code génétique de l'Homme selon les vues de la pieuvre trans-humaniste qui se répand sur le monde, pointe avancée, que l'on espère ultime, du grand cycle de la Modernité commencée voici plus de trois siècles - une Modernité devenue folle. C'est ainsi que nos contemporains vivent dans un bain de mensonges, au point d'être non seulement déboussolés et malheureux mais inconscients des dangers qui les menacent, souvent dans leur vie même. Du moins, les lecteurs du *Nouveau Conservateur* ne pourront-ils pas dire qu'ils n'ont pas été « vaccinés » ...

Depuis plus d'un siècle, la litanie de « l'Europe nouvelle »

A partir de l'ancestral mensonge des Grecs donnant à ce qui deviendra l'Europe le nom d'une déesse grecque venue d'Anatolie, la pauvre Europe chauffée et réchauffée à tant de sauces ne fut qu'une succession d'échecs au milieu desquels jamais ne fut trouvée une unité durable, à l'inverse des patientes nations, combien plus durables. Chute de Rome, échec de l'empire carolingien, effondrement de la Deuxième puis de la Troisième Rome (Constantinople, Moscou). Et voici que s'accéléra, au XXe siècle, le bal des architectes : il y eut les prétentions des fédéralistes européens croyant naïvement pouvoir soumettre les Etats au Droit International, divinité dont Genève était la nouvelle Rome. Cette *nouvelle Europe* irénique du pauvre Briand conduisant à une paix perpétuelle, chantée par les pacifistes de tous poils pour panser les plaies de la Grande Guerre, se fracassa sur une autre *Europe Nouvelle*, que prétendait construire le IIIe *Reich* allemand, par le fer, le sang et la race. Vint une autre *Europe nouvelle* sous le nom de *construction européenne* qui, « de grands projets » en « projets de relance », d'une déraison à une autre, dévale devant nous toutes ses pentes et qu'il suffit de laisser courir toute seule à sa perte. Si, de cette perte, on doutait encore, il ne serait qu'un signe, la vague grandissante des hommes politiques qui, après avoir été europhiles, eurolâtres, europiomanes, se disent désormais eurosceptiques, un des exemples emblématiques étant Edouard Balladur, dont on pourrait croire qu'il rejoint la vaste cohorte des souverainistes et des conservateurs que réunit régulièrement notre revue, au point qu'il juge impérieux que *la France garde sa souveraineté et les Français la maîtrise de leur destin*. Sic ! Ce repentir est l'une des perles de ce dossier...

Le cœur du mensonge ne réside-t-il pas d'ailleurs dans les mots « Europe » ou « Union européenne » qui serait un double mensonge : Union ? Deux des six plus grandes nations qui ont fait l'Europe depuis des siècles, la Grande-Bretagne et la Russie, n'en font pas partie, comme plusieurs autres, la Norvège, la Serbie et la Suisse (cette valeureuse nation étant un bon contre-exemple, sur lequel nous reviendrons), sans compter que les 27 Etats qui la constituent sont de plus en plus désunis, y compris sur l'essentiel, la politique étrangère, jusqu'au prétendu noyau dur qu'était le couple franco-allemand, mensonge dans le mensonge de ceux qui ne voulurent pas voir que la fiancée allemande était déjà mariée avec quelqu'un d'autre. En réalité, on a construit sur du sable, et nul ne devrait s'étonner que les échafaudages se soient sans cesse effondrés, sauf à s'appuyer sur une puissance extérieure, dans les bras de laquelle on se jette pour se fuir. Car il y a de la fuite dans cette longue déprise, voir cette lointaine haine de soi qu'attisent les blessures d'un passé qu'on ne sait plus assumer, ni glorifier, et qu'attisent les mirages du progrès.

« *Europe* », *annexe de l'OTAN*

La « construction européenne », fabriquée par le libérateur américain, et selon sa méthode du libre-échange, trouva vite à Washington ses mots, ses pères fondateurs et sa méthode, avec la complicité ancestrale de Berlin qui considère l'Europe comme une métamorphose du *Reich*, de l'au-delà des mers, comme l'avait si bien vu de Gaulle lançant à Peyrefitte : « Vous savez ce que ça veut dire, la supranationalité ? La domination des Américains. L'Europe supranationale, c'est l'Europe sous commandement américain ». Aujourd'hui, tandis que ladite Europe n'est plus que l'annexe de l'OTAN, et la périphérie d'un Occident si décadent qu'il glisse lui-même vers la périphérie du monde à venir (*sic transit !* - autrement dit, les plaques tectoniques de la puissance glissent vite), il faudrait être aveugle pour ne pas mesurer les conséquences de la préscience qu'avait alors de Gaulle, et que François Asselineau résume parfaitement dans une formule lapidaire qui sert de titre à l'entretien qu'il nous accorde : le vrai nom de la « Construction européenne » devrait être *Colonisation américaine*.

L'urgence du jour n'est pas tant à mener de grands débats sur ce qu'est, ne doit pas être ou devrait être l'Europe que de nous soucier d'un préalable absolu, nous libérer de l'imperium américain.

Bien entendu, si l'Union européenne est un double ou triple mensonge, c'est qu'elle ne fut jamais conçue dès ses premiers pas dans les années cinquante comme étant telle, c'est-à-dire autrement qu'une excroissance de l'*imperium* américain qui au même moment s'étendait sur toute la partie occidentale du continent : installation de bases américaines, déploiement du plan Marshall et américanisation culturelle. En somme, le mensonge est tout simplement originel - car c'est la source même de l'Europe nouvelle qui était empoisonnée, comme l'a si bien montré notre ami John Laughland, auteur en 1997 de *The Tainted Source*, magistral ouvrage publié par les éditions François-Xavier de Guibert sous le titre *Les Origines antidémocratiques de la construction européenne.* Livre foisonnant où l'on apprend notamment que nombre de dignitaires nazis ou antinazis sur le tard qui souhaitaient reconvertir le rêve de domination allemande sur l'Europe sous une forme fédérale (tel Walter Hallstein, le premier président de la Commission européenne) étaient avant tout des nationalistes allemands, certes pas toujours socialistes... Ou que ceux qu'on nomme pompeusement « les pères de l'Europe », Spaak, Gasperi, Schuman, Monnet étaient nommés dans les rapports de la CIA « le personnel ». C'est un article du *Daily Telegraph* qui révéla ce pot-aux-roses… On peut se reporter aussi à l'excellent ouvrage de Christophe Réveillard (également publié par F-X de Guibert) *Sur quelques mythes de l'Europe communautaire.* Mais on peut lire aussi le fameux J'ai tiré sur le fil du mensonge et tout est venu de Philippe de Villiers (éd. Albin Michel), ouvrage majeur que Patrick Pommier a sorti de sa bibliothèque pour en restituer la prescience. Qui préfère les documents audiovisuels se reportera aux conférences de François Asselineau, dont *Les origines cachées de la construction européenne* et *Qui gouverne la France et l'Europe ?*, dont plusieurs extraits sont publiés dans les pages qui suivent. Qui mieux que François Asselineau peut dénoncer le grand mensonge européen, ce partisan historique de la sortie de la France de l'Union européenne, comme l'est d'ailleurs l'auteur de ces lignes, qui publia en 2006 un ouvrage au titre éloquent, *Sortir de l'Union européenne*, aux éditions François-Xavier de Guibert ? Ses multiples conférences à travers la France rencontrent un grand succès, malgré l'obstiné silence des médias atlantistes, ainsi que ses vidéos qui dépassent couramment les dizaines de milliers de vues. A ce sujet on se reportera aux cinq conversations qu'il nous a accordées pour TVL (numéros 27, 28, 30, 32, 34), relatant étape par étape l'ensemble de sa vie et de son parcours politique. Remercions cet homme lucide, érudit et courageux de répondre en détail aux questions que nous lui avons posées.

La prise en main de l'Europe par les E-U ne devrait plus faire douter quiconque se veut un peu informé, notamment sur le point crucial du libre-échange qui, avec le désarmement des Etats et tout spécialement de la France dont il craint tant les foucades, est le grand objectif de l'Empire. On voit ses résultats avec la réduction de l'agriculture à peau de chagrin pour le plus grand bénéfice de l'agriculture états-unienne mais aussi américaine au sens large, sans oublier bien entendu les australiennes et néo-zélandaises, toutes prospérant sur le cadavre de la paysannerie française. Notons que si la plupart des pays d'Europe ont connu ces derniers mois de brutales révoltes paysannes, des Pays-Bas à l'Italie en passant par l'Allemagne et l'Espagne, il n'y eut point de révolte en Grande-Bretagne, en Suisse ou en Norvège puisque ces pays ont pu protéger leur agriculture. Que l'entreprise dite européenne vise la destruction de l'Europe est d'ailleurs une évidence au vu du bilan de l'entreprise - le plus piquant étant que les domaines pris en charge directement par l'Europe, le charbon et l'acier dans les années cinquante puis l'agriculture avec la PAC, ont abouti à l'extermination des charbonnages, de la sidérurgie et de la paysannerie. Du moins, la révolte paysanne a-t-elle le mérite de poser enfin clairement l'énorme question du libre-échange qui détruit autant l'environnement que les campagnes (rien de plus polluant que les supertankers qui apportent du Pacifique moutons, poulets et céréales), ce que pointe dans un article très informé notre vaillant auteur Louis Anders. En somme, il ne faut point désespérer et Valentin Gaure montre qu'il est pour les pays européens une tout autre voie que la bruxelloise, en montrant l'exemple combien révélateur de la Suisse. Il s'entretient avec Dominique Motte, citoyen au caractère bien trempé et politologue, qui montre au passage les bienfaits de la démocratie à la suisse, à ses yeux la seule qui vaille, faite notamment de ses fameuses votations. En somme, tout pour l'Europe n'est pas perdu, si comme la Suisse, elle retrouve les chemins de la démocratie, renouant les liens entre ses peuples et sa représentation politique.

L'Europe a-t-elle une réalité, et une vérité ?

Un débat ? Sans doute, mais un débat ne saurait être une solution, il faudrait oser conclure plus avant ; et, pour commencer, définir l'objet du débat : l'Europe, qu'est-ce à dire ? Nous avons jusqu'à présent réduit l'Europe à son apparence institutionnelle, un accastillage d'institutions et de constructions dont l'Union Européenne est le centre. Reste évidemment à savoir si cet entrelacs de constructions, supercheries et mensonges politiques cache une réalité, une Europe réelle de nature évidemment géographique, qui est son son sens premier (le « continent européen », l'un des cinq continents réputés constituer la planète) ; savoir aussi, en second lieu, si cette réalité peut-être tenue pour une vérité, un corps durable, inscrit dans l'histoire (« l'Europe aux anciens parapets », qu'évoquait Rimbaud), ce qui pose la question de la civilisation européenne ; et si, pour finir, cette réalité et cette vérité sont assez solides pour fonder, un jour, sous une forme ou bien une autre, un corps politique. Dit autrement : existe-t-il, derrière la fausse Europe, une véritable Europe dont on pourrait opposer l'idée, ou l'architecture, à l'imposture actuelle ? Immense question que l'on ne peut certes traiter ici, mais aborder du moins du bout de l'aile.

« Vous savez ce que ça veut dire, la supranationalité ? La domination des Américains. L'Europe supranationale, c'est l'Europe sous commandement américain. » (de Gaulle)

Europe géographique ? *Le Robert* avertit que la question est difficile à trancher en présentant l'Europe comme « le moins délimité des continents ». Certes ! un rapide passage en revue des points litigieux découragerait de penser pouvoir arriver à une réalité tangible. Européenne, la Russie ? Oui, diront beaucoup, raisonnablement, mais eux-mêmes s'égareront bientôt sur la question de savoir si cette appartenance comprend l'ensemble, Sibérie comprise et jusqu'à Vladivostok. Européenne, la Turquie ? Même problème : oui, pour une partie, mais jusqu'où ? Faut-il inclure toute la Turquie, qui aurait bien certains droits historiques à faire valoir. Européennes, les îles et presqu'îles de l'Atlantique Nord (de l'Organisation militaire du même nom…), comprenant les presqu'îles scandinaves, les îles britanniques, l'Islande, pourquoi pas le Groenland ? Cette dernière question fut longtemps discutée, et, si elle l'est moins aujourd'hui, elle n'en reste pas moins discutable.

Nous refugirons-nous, en une ultime tentative, dans la dimension culturelle : existe-t-il une « civilisation européenne » ? Si l'on veut bien retenir les deux principaux critères de toute civilisation, la langue et la religion, nous partons mal sur la langue : notre continent en compte une myriade, et encore d'origines diverses, le comble étant que la langue qui aujourd'hui sert de langue dite commune, la « langue anglaise », n'est commune que pour une raison qui cache peut-être la seule réalité civilisationnelle du continent dans son état actuel : elle est américaine. Reste l'autre critère de la civilisation : la religion. « Une civilisation, disait Malraux, est une religion et tout ce qui se greffe autour d'elle ». Mais nous ne sommes là que peu avancés, puisque la religion chrétienne censée être le ciment de l'Europe, d'une part n'est plus, quand au nombre de ses fidèles, majoritairement européenne, et que d'autre part le continent est passablement déchristianisé, enfin, et surtout, la chrétienté européenne est de plus en plus profondément divisée entre les trois parties de sa civilisation-mère, la gréco-latine, dit autrement l'héritage de Rome : l'Empire d'orient est orthodoxe, l'empire d'Occident est catholique, et une troisième partie étant constituée par ce problématique Nord qui ne fut que très partiellement et superficiellement christianisé (y compris l'Allemagne...), fracture qui s'est élargie par le schisme protestant, laquelle, loin de se résoudre, est de plus en plus béante, dans les rites et plus encore dans la conception du monde, le protestantisme ayant versé dans un tel matérialisme qu'il est de moins en moins assuré qu'il se puisse dire « chrétien ».

En somme, il ne faut point désespérer : il est pour les pays européens une tout autre voie que la bruxelloise, comme le montre l'exemple de la Suisse.

Résumons : si, comme réalité, l'Europe est bien incertaine, comme Vérité, elle est fort tenue. En somme, elle tient toute entière à ce qui reste de dialogue entre les seules familles vraiment héritières du message chrétien, ces « deux poumons de la Chrétienté », comme disait Jean-Paul II, que sont les deux univers catholique et orthodoxe. Si leur conciliation est certes plus problématique que jamais, il reste qu'il y a dans cette entente la graine de ce que pourrait être une vérité de l'Europe - un projet assez solidement fondé pour espérer atteindre une dimension historique, un projet pour le monde. Ce projet fut d'ailleurs assez précisément défini, voici une quarantaine d'année, par le Cardinal Ratzinger, lors d'une conférence qui se tint à Münich, ville dont le futur Pape Benoît XVI était alors l'archevêque. Voici une dernière pièce au dossier, des extraits de ce qui reste le plus beau projet de l'Europe qui se puisse proposer pour le XXIe siècle - si un jour elle est libérée : une Europe dressée contre le « tout-fric » occidental et contre le « tout-religieux » islamique - deux blocs -, qui lui permettrait, en s'opposant à leur infernale puissance, de trouver un sens, ressort de toute essence et de toute existence : « *Quant à la société moderne de consommation, son Dieu est le ventre, écrivait le cardinal Ratzinger. Or, dans une société où Dieu ne peut plus être le summum bonum commun et public, mais où Il est exilé dans le domaine privé, le statut de Dieu change même pour l'individu. (...) . En elle, on aurait abandonné ce qui a constitué l'Europe en tant que réalité spirituelle. En ce sens, les sociétés occidentales actuelles me paraissent être déjà en grande partie des sociétés post-européennes* ». Vaste programme, pour qui aurait un jour le courage de traduire ce corpus en politique, de construire autour de cette conception non matérialiste et non totalitaire du monde un projet politique qui puisse être dit authentiquement européen...

Le sujet est-il l'Europe ou les Etats-Unis ?

« Post-européen », le mot du cardinal Ratzinger sonne juste : l'Europe occidentale et les derniers citoyens des Etats qui la composent sont depuis des décennies plongés dans un autre chose qu'eux-mêmes, ce monde *post-européen* que l'on pourrait aussi nommer, forçant à peine le trait, « l'univers atlantique ». Il n'y a donc plus de débat européen, d'abord parce que l'Europe n'est plus définie, ni même définissable en dehors d'une référence hélas passablement disqualifié à sa longue mémoire (« la verte Ecosse et la brune Italie, et la Grèce, ma mère, où le miel est si doux » des *Nuits* de Musset), ensuite parce que tout débat est confisqué depuis la captation du mot Europe par sa superstructure de plus en plus exogène de Bruxelles, enfin parce que le débat même est impossible quand ses partisans comme ses critiques sont semblablement aux mains d'oligarchies atlantistes (que François Asselineau ou Florian Philippot ne soient jamais autorisées à s'exprimer sur aucun grand média, de TF1 à CNews, en est un signe éloquent..), toutes les élections européennes ayant d'ailleurs montré l'insignifiance de leur portée réelle, sans même qu'il soit nécessaire de rappeler la supercherie du traité de Lisbonne, toutes choses qui devraient retenir n'importe quel Français sorti de l'enfance d'aller aux urnes par simple décence.

Ce qui reste le plus beau projet de l'Europe qui se puisse proposer pour le XXIe siècle - si un jour elle est libérée : une Europe dressée contre le « tout-fric » occidental » et contre le « tout-religieux » islamique - deux blocs -, qui lui permettrait, en s'opposant à leur infernale puissance, de trouver un sens, ressort de toute essence et de toute existence.

Si le débat européen n'existe pas, c'est qu'il est posé à côté, qu'il n'y a guère le choix qu'entre des projets, non pas européens, mais américains - significatif le simple fait que l'Union Européenne n'est d'ailleurs plus soutenue, dans les faits, que par les atlantistes. Le sujet n'est pas l'Europe, mais les Etats-Unis. Déjà, en 1929, avec cette prescience qui est la gloire des écrivains, Stefan Zweig pointait dans *L'Uniformisation du monde* le danger de l'asservissement politique, dont la Seconde Guerre mondiale fut la grinçante occasion. Domination qui, de culturelle, n'est pas seulement devenue politique, mais militaire, comme on le voit si bien tandis qu'elle n'est plus qu'une annexe de l'OTAN : le vrai nom de la « Construction européenne » devrait être la « Colonisation américaine ».

1944 - 1957 : le débarquement anglo-saxon

Lorsque paraîtra ce numéro, la France sera toute occupée d'élections européennes, mais aussi (symbolique simultanéité !), par les grandes et pompeuses célébrations du 80e anniversaire du Débarquement anglo-saxon en Normandie que nos braves compatriotes sont tenus de prendre pour un noble et beau geste de l'empire états-unien venu secourir leurs vieux amis français ; qu'il soit permis d'ajouter au dossier une note d'actualité, justement sur cet aspect militaire que sous-entend nettement le mot colonisation. Faut-il rappeler que l'histoire n'est pas tant faite de débats, encore moins d'élections, que de violence et de la première qu'est la guerre ? La Grande Guerre de Trente ans (1914-1945) qu'on nomma à juste titre « suicide de l'Europe » (ou assassinat perpétré par les IIe et IIIe *Reich* allemands...) fut bel et bien le prélude à sa colonisation. Verdict sévère ? Il faut, pour le comprendre, retracer l'histoire des 13 années allant du printemps 1944 (marqué par le redoublement du bombardement de l'Ouest de France par les Alliés puis le débarquement en Normandie) à mars 1957 et la signature du Traité de Rome. Est-il exagéré de parler de « nouvelle occupation » ? De Gaulle n'a pas craint d'utiliser le mot devant Alain Peyrefitte qui, le 30 octobre 1963, le presse de revenir sur sa décision de ne pas commémorer le « débarquement des Anglo-Saxons » en juin de l'année suivante : « Le débarquement du 6 juin fut l'affaire des Anglo-Saxons, d'où la France fut exclue. Ils étaient bien décidés à s'installer en France comme en territoire ennemi ! Et vous voudriez que j'aille commémorer leur débarquement, alors qu'il était le prélude à une seconde occupation du pays ? Non, non, ne comptez pas sur moi ! »

« Le débarquement du 6 juin fut l'affaire des Anglo-Saxons, d'où la France fut exclue. Ils étaient bien décidés à s'installer en France comme en territoire ennemi ! Et vous voudriez que j'aille commémorer leur débarquement, alors qu'il était le prélude à une seconde occupation du pays ? Non, non, ne comptez pas sur moi ! » (de Gaulle)

Nous avons déjà signalé dans notre n°9 (*L'Empire Impensé (II)* – décembre 2022) l'excellent et accablant ouvrage d'Eddy Florentin *Quand les Alliés bombardaient la France* (éd. Perrin, 1997). Julien Tellier, auteur d'un substantiel compte-rendu, nous rappelait que 70 000 Français, au bas mot (tous n'ont pas été recensés), sont morts victimes des bombardements des Alliés, ce qui constitue un cinquième des victimes civiles de la guerre, et que plus de 600 000 tonnes de bombes (22 % du tonnage déversé sur l'Europe pendant la guerre) ont été larguées par les aviations anglaise et américaine sur plus de 1570 localités françaises, et cela jusqu'en mai 1945. Aux protestations du Comité Français de Libération Nationale, la réponse de Washington, le 11 mai 1944, est cinglante : « Si regrettables que soient les pertes civiles consécutives, je ne suis pas prêt à imposer une quelconque restriction d'action aux responsables militaires qui pourrait préjudicier au succès d'*Overlord,* ou provoquer des pertes additionnelles parmi les forces d'invasion alliées ». Comme l'écrit Eddy Florentin, le « plan de bombardements massifs atteint son paroxysme le jour du débarquement. S'il fut certes meurtrier pour les soldats alliés, il le fut aussi pour les Normands tués par milliers ce 6 juin 1944. La seule bataille de Normandie provoqua 19 000 morts parmi les civils français. Le sort du Havre est le plus marquant : alors que son port est inutilisable, et n'est plus un enjeu stratégique, l'aviation alliée déverse 10 000 tonnes de bombes. Bilan : près de 5 000 morts et quelque 70 000 sinistrés… ».

On connaît l'hostilité que n'a cessé de nourrir Roosevelt pour le Général de Gaulle : ce n'était pas une hostilité personnelle, ou pas seulement, mais une hostilité à la France, cette France catholique qui fut longtemps l'épicentre de l'Europe ancienne et que la grande Ligue anglo-saxonne a toujours voulu dissoudre dans un autre mot, « l'Occident », et, même reléguer dans sa périphérie, - comme la Russie, d'ailleurs - (souvenons-nous des Québécois francophones qui, lorsqu'ils s'adressaient en français à des services fédéraux canadiens, s'entendaient répondre, non pas *« speak english »* mais *« speak white »*…). Plan concerté, volonté délibérée de rabaisser la France, n'en doutons pas, tant la mise à l'écart de la France était nécessaire à la mise au pas de l'Europe. Dès janvier 1944, le zoologiste britannique devenu expert en stratégie aérienne Solly Zuckerman insistait auprès du Haut commandement américain afin de mettre en place un vaste plan de bombardements intensifs – comme ce fut le cas en Italie du Nord – en vue de préparer l'opération *Overlord.* Eisenhower approuve. Il n'est dès lors point étonnant que, dès 1943, tout fut fait pour écarter la *France libre* des discussions stratégiques, et que les Français assistèrent impuissants à la destruction, non seulement de leurs ports, mais aussi de nombreuses villes de l'Ouest, jusqu'à de petits bourgs qui n'avaient aucune valeur stratégique, d'églises pluricentenaires et d'un vaste patrimoine, tant les bombes étaient, délibérément, larguées de haut... Jusqu'à la victoire finale, les bombardements des centres ferroviaires causent des dizaines de milliers de morts parmi la population civile. Certes, l'arrivée des Alliés en Normandie hâta la dislocation du IIIe Reich, déjà assurée par l'armée russe, après la victoire de Stalingrad en février 1943 ; il n'était cependant point nécessaire que toute une partie de la France ne fût plus qu'un espace à bombarder.

En 1948 arriva le Plan Marshall, qui permit aux Européens de l'Ouest de s'endetter pour leur reconstruction : tout colonisateur reconstruit à sa main les territoires qu'il a conquis.

Tout colonisateur reconstruit à sa main les territoires conquis

En 1948 arriva le Plan Marshall, qui permit aux Européens de l'Ouest de s'endetter pour leur reconstruction. Sur ce sujet, nous reviendrons, dans notre prochain numéro, sur les révélations que fait Eric Branca dans son dernier ouvrage, consacré à l'influence de Washington sur les Gouvernements de la IVe République. Il y eut certes la parenthèse gaulliste, qui ne fut pas celle, hélas !, de la Ve République, et ne dura guère qu'une vingtaine d'années, de 1958 à 1980... Depuis le survoltage de l'entreprise européenne, marqué notamment en 1979 par l'élection au suffrage universel de l'Assemblée de Strasbourg devenue « Parlement européen », et simultanément, le retour de l'atlantisme, sitôt élu François Mitterrand en 1981, puis, à partir de la chute de l'Empire soviétique et la guerre du Golfe (1990 et 1991), une succession de guerres dans lesquelles l'*imperium* états-unien égare l'Europe : le « débat » a changé de nature. A mesure que les oligarchies atlantico-mondialistes ont progressivement pris le contrôle des Gouvernements, que reculèrent démocratie et souveraineté (deux faces d'une même médaille, disait de Gaulle), l'urgence n'est pas tant à poursuivre de grands débats sous la lune sur ce qu'est, ne doit pas ou devrait être l'Europe, débats inopérants, qu'à nous libérer de l'*imperium* américain, grave affaire que le grand mensonge européen ne doit plus nous cacher, comme il l'a trop souvent fait.

Pour en savoir plus long sur les nombreuses questions d'histoire, de science et de philosophie politique que cache la vaste question européenne, on suggérera de se reporter au très récent ouvrage d'Axel Tisserand Comment l'Europe dissout la France, publié en ce mois d'avril 2024 aux excellentes éditions de Flore, que dirige Frédéric Rouvillois, ouvrage qui est un véritable bilan d'ensemble (prélude à un dépôt de bilan, et peut-être un dossier d'archives pour les temps futurs) sur cette « Construction européenne » qui a tant et tant détruit. Sans doute n'est-il pire aveugle que celui qui ne veut pas voir, mais nul ne pourra dire, après cet accablant ouvrage, qu'il n'était pas informé, sauf s'il s'y est refusé - ce qui semble hélas le fait de l'immense majorité de ces batteries de consommateurs plus ou moins francophones que l'on espère encore pouvoir appeler le « peuple français ». Souhaitons au moins que les informés, dont tout a toujours dépendu, sachent tirer les conclusions : de cette machine à détruire les Etats, étourdir les nations et dissoudre les civilisations, il n'est plus besoin de débattre sans fin, ni voter sans cesse pour rien. Il faut, par tous les moyens, en sortir au plus vite. ■

De Gaulle face au débarquement

par **Patrick Pommier**

La ca campagne pour les élections européennes a deux enjeux très liés l'un à l'autre : d'abord la question de la supranationalité, et corrélativement notre appartenance à l'Union Européenne ; ensuite la question du rôle de l'OTAN. D'abord en raison de l'arrière-fond ukrainien, ensuite en raison des célébrations du Débarquement des troupes anglo-saxonnes en Normandie, dont M. Macron entend célébrer en grande pompe le 80e anniversaire au début du mois de juin, dans les jours qui précéderont le scrutin. il nous paraît utile de rappeler à cette occasion ce que le Général de Gaulle en disait à Alain Peyreffitte le 30 octobre 1963, puis le 10 juin 1964 (C'était de Gaulle, tome 2), et qui parait aujourd'hui « révolutionnaire ». Qu'on en juge : « le débarquement du 6 juin fut l'affaire des Anglo-Saxons, d'où la France fut exclue. Ils étaient bien décidés à s'installer en France comme en territoire ennemi ! Vous voudriez que j'aille commémorer leur débarquement, alors qu'il était le prélude à une seconde occupation du pays ? Non, non, ne comptez pas sur moi ». Pour que tout soit clair et net, nous rappelons ci-dessous les entrées du 30 octobre 1963 (I) et du 10 juin 1964 (II) de cet ouvrage..

I - « En nommant Jean Sainteny ministre des Anciens combattants en décembre 1962, le Général lui avait demandé de consacrer son énergie à l'année 1964. Elle était propice à raviver le souvenir de deux des années glorieuses : cinquantenaire de 1914 et vingtième anniversaire de 1944. *À la fin du Conseil du 30 octobre 1963*, après que Jean Sainteny a évoqué les cérémonies prévues pour la commémoration de la libération, Pompidou me prend à part : « Tâchez de faire revenir le Général sur son refus d'aller sur les plages de Normandie… » Je suis stupéfait et de l'information et de la demande. « Enfin, reprend Pompidou, prenez des précautions… Je m'y suis cassé les dents. » Sainteny m'apprend ensuite qu'il se les était déjà lui-même cassées. Naturellement, je vais me les casser aussi.

AP : « Croyez-vous, mon Général, que les Français comprendront que vous ne soyez pas présents aux cérémonies de Normandie ?

Charles de Gaulle (sévèrement) : *C'est Pompidou qui vous a demandé de revenir à la charge ?* (Je ne cille pas). *Eh bien, non ! Ma décision est prise ! La France a été traitée comme un paillasson ! Churchill m'a convoqué d'Alger à*

Londres le 4 juin, il m'a fait venir dans un train où il avait établi son quartier général, comme un châtelain sonne son maître d'hôtel. Et il m'a annoncé le débarquement, sans qu'aucune unité française ait été prévue pour y participer. Nous nous sommes affrontés rudement. Je lui ai reproché de se mettre aux ordres de Roosevelt, au lieu de lui imposer une volonté européenne (il appuie).Il m'a crié de toute la force de ses poumons : « De Gaulle, dites-vous bien que quand j'aurai à choisir entre vous et Roosevelt, je préférerai toujours Roosevelt ! Quand nous aurons à choisir entre les Français et les Américains, nous préférerons toujours les Américains ! Quand nous aurons à choisir entre le continent et le grand large, nous choisirons toujours le grand large!» (Il me l'a déjà dit. Ce souvenir est indélébile).

Le débarquement du 6 juin, ça été l'affaire des Anglo-Saxons, d'où la France a été exclue. Ils étaient bien décidés à s'installer en France comme en territoire ennemi ! Comme ils venaient de le faire en Italie et comme ils s'apprêtaient à le faire en Allemagne ! Ils avaient préparé leur AMGOT (Allied military government for occupied territories, gouvernement militaire allié pour les territoires occupés) *qui devait gouverner souverainement la France à mesure de l'avance de leurs armées. Ils avaient imprimé leur fausse monnaie, qui aurait eu cours forcé. Ils se seraient conduits en pays conquis », comme le révèlent leurs coloris et leur graphisme – très voisins de ceux du dollar – ces billets libellés en francs furent imprimés aux États-Unis, de février à mai 1944, par le Bureau of Engraving and Printing, qui est normalement chargé d'imprimer les dollars américains et les autres documents officiels du gouvernement fédéral. Étant fabriqués aux États-Unis, c'est le papier, l'encre, la matière, la présentation et le format des dollars américains qui servirent de référence. Dès les premiers jours suivant le débarquement du 6 juin 1944, les armées américaines commencèrent à distribuer ces billets de banque pour remplacer les billets français émis durant l'Occupation.*

C'est exactement ce qui se serait passé si je n'avais pas imposé, oui imposé, mes commissaires de la République, mes préfets, mes sous-préfets, mes comités de libération ! Et vous voudriez que j'aille commémorer leur débarquement, alors qu'il était le prélude à une seconde occupation du pays ? Non, non, ne comptez pas sur moi ! Je veux bien que les choses se passent gracieusement, mais ma place n'est pas là ! Et puis, ça contribuerait à faire croire que, si nous avons été libérés, nous ne le devons qu'aux Américains. Ça reviendrait à tenir la Résistance pour nulle et non avenue. Notre défaitisme naturel n'a que trop tendance à adopter ces vues. Il ne faut pas y céder !

En revanche, ma place sera au mont Faron le 15 août, puisque les troupes françaises ont été prépondérantes dans le débarquement en Provence, que notre première armée y a été associée dès la première minute, que sa remontée fulgurante par la vallée du Rhône a obligé les Allemands à évacuer tout le midi et tout le Massif central sous la pression de la Résistance. Et je commémorerai la libération de Paris, puis celle de Strasbourg, puisque ce sont des prouesses

Les relations entre de Gaulle et Churchill ne furent pas toujours cordiales.

françaises, puisque les Français de l'intérieur et de l'extérieur s'y sont unis, autour de leur drapeau, de leurs hymnes, de leur patrie ! Mais m'associer à la commémoration d'un jour où on demandait aux Français de s'abandonner à d'autres qu'à eux-mêmes, non !

Les Français sont déjà trop portés à croire qu'ils peuvent dormir tranquille, qu'ils n'ont qu'à s'en remettre à d'autres du soin de défendre leur indépendance ! Il ne faut pas les encourager dans cette confiance naïve, qu'ils paient ensuite par des ruines et par des massacres ! Il faut les encourager à compter sur eux-mêmes ! Allons, allons, Peyrefitte ! Il faut avoir plus de mémoire que ça ! Il faut commémorer la France, et non les Anglo-Saxons ! Je n'ai aucune raison de célébrer ça avec éclat. Dites-le à vos journalistes.

II - Après le Conseil du 10 juin 1964, le Général laisse percer encore son agacement :

Ces messieurs de la presse qui me reprochent de ne pas aller en Normandie 20 ans après, que faisaient-ils alors ? S'étaient-ils battus pour que la France recouvre sa liberté, pour qu'elle contribue à sa délivrance ? Que faisaient-ils pendant la guerre ? Ils ne se battaient ni en Normandie, ni ailleurs. La Libération s'est passée sans eux. Et elle s'est passée d'eux.

Et lui, il a dû se battre pour que le débarquement ne se passe pas complètement de la France libre. S'il a prononcé son discours de Bayeux le 16 juin 1946, ce ne fut pas pour commémorer le débarquement du 6 juin, mais son débarquement sur les talons des Américains, le 16 juin 1944 à Bayeux. Il recule son fauteuil, cale son dos. Il a envie de parler.

Vous croyez que les Américains et les Anglais ont débarqué en Normandie pour nous faire plaisir ? Ce qu'ils voulaient, c'était glisser vers le nord le long de la mer, pour détruire les bases des V1 et des V2, prendre Anvers et, de là, donner l'assaut à l'Allemagne. Paris et la France ne les intéressaient pas. Leur stratégie, c'était d'atteindre la Ruhr, qui était l'arsenal, et de ne pas perdre un jour en chemin. Churchill avait demandé à Eisenhower d'essayer de libérer Paris pour Noël. Il lui avait dit : « Personne ne pourra vous en demander davantage. » Eh bien si, nous étions décidés à demander davantage ! Le peuple de Paris s'est soulevé spontanément et il aurait été probablement écrasé sous les décombres, comme le peuple de Varsovie, s'il n'avait pas été soutenu. Mais il y avait des hommes qui, trois ans plus tôt, à Koufra, s'étaient juré de libérer Paris, puis Strasbourg. Ce sont eux qui ont libéré Paris avec son peuple.

Mais nous n'avions pas l'accord des Américains. Quand j'ai vu que l'insurrection parisienne allait être écrasée par une division allemande intacte qui arrivait de Boulogne-sur-Mer, j'ai donné l'ordre à Leclerc de foncer. C'est ainsi que nous avons évité à Paris le sort de Varsovie. Nous avons obligé les Anglo-Saxons à changer de stratégie. Les Américains ne se souciaient pas plus de libérer la France que les Russes de libérer la Pologne. Ce qu'ils voulaient, c'était en finir avec Hitler, en essuyant le moins de pertes possible. Ce qu'ils voulaient épargner, c'était le sang des boys, ce n'était pas le sang, les souffrances et l'honneur des Français. Effectivement, si les Anglo-Saxons avaient pu mener leur stratégie jusqu'au bout, ils auraient peut-être réussi à frapper l'Allemagne au cœur plus vite. De toute façon, Hitler aurait fini par être battu et la France aurait fini par être libérée. Mais si les Français étaient restés passifs et si nous n'avions pas eu de part à la défaite d'Hitler, c'est au bout du compte lui qui aurait vaincu la France. ■

Retour sur les referendums de 2005 *(sur la « Constitution européenne »)* ***et celui de 1992*** *(sur le traité de Maestricht)*

Deux référendums européens, deux forfaitures

On se souvient de la supercherie qui, en 2007, permit d'escamoter le résultat du référendum du 29 mai 2005, par lequel les Français avaient repoussé un traité instituant une « Constitution européenne ». Il y eut ce jour-là 15 499 508 NON et 12 808 270 OUI, sur 28 988 300 votants ; 54,6 % des exprimés et 52,4% des votants (la différence provenant des bulletins blancs et nuls) avaient dit NON. En 2005, le résultat avait été net ; deux ans plus tard, en 2007, la supercherie fut tout aussi nette. Il suffit à Nicolas Sarkozy et aux dirigeants européens de mettre au point un nouveau traité (cyniquement baptisé « mini-traité », bien qu'il fût plus long que le traité initial) qui reprenait les principales dispositions du texte rejeté, puis de le faire signer par les gouvernements réunis à Lisbonne le 13 décembre 2007, enfin de le faire voter par les parlementaires rassemblés quelques jours plus tard « en Congrès » à Versailles, et le tour fut joué. Ce tour de passe-passe constitua, en langage juridique, une « forfaiture », soit le plus haut degré d'atteinte au droit ; en langage politique, une révocation de la démocratie ; en langage polémique, une gifle des oligarchies européennes au peuple français ; en langage courant, un scandale.

En 2007, la forfaiture du traité de Lisbonne fut avalée par le peuple français, du moins en surface ; mais c'est à partir de ce moment-là, sans doute, que la fracture qui s'insinuait depuis des années entre gouvernés et gouvernants devint irrémédiable. Elle atteint aujourd'hui un point de non-retour à la faveur d'une élection européenne : les quatre partis qui composent la coalition au pouvoir depuis deux ans (Renaissance, Modem, Horizons et UDI) ne dépasseront sans doute pas le cinquième des votants, ce qui signifie, même si la participation approche la moitié des électeurs, que la dite coalition composant la « majorité » ne réunit même plus 10% des Français. La fracture est désormais ouverte, béante, alarmante.

D'où vient-elle ? On peut penser que, justement, elle prend son origine dans l'affaire européenne et qu'elle remonte plus loin encore que la forfaiture de Lisbonne. Déjà, le président Chirac, dont le génie fut de n'avoir été aimé des Français qu'après avoir quitté le pouvoir n'avait qu'une assez faible légitimité, entendue comme une adhésion populaire indiscutable ou un lien suffisant entre chef de l'Etat et citoyens pour gouverner, n'a jamais brillé par son charisme : alors que, candidat à quatre reprises, en 1981, 1986, 1995 et 2002, il ne dépassa jamais 20% de votants du premier (entre 13 et 15% des électeurs inscrits), son élection à la Présidence de la République, en 1995, se fit déjà sur le thème de la fracture - on parlait alors de fracture sociale...

La France et sa longue déchirure européenne

Demandons-nous ce qui « fracture » ce pauvre pays, si couturé, si séparé de lui-même. Il y a certes la « fracture » qui divise constamment le pays entre droite et gauche - Valéry Giscard d'Estaing fut élu de justesse en 1974, avant que François Mitterrand ne le soit à son tour en 1981 et en 1988 ; il y a la fracture de la ruralité, celle, bien sûr, de l'immigration massive. Notre hypothèse est que, par-dessus ou par-dessous ces déchirures, il y a la déchirure sur l'essentiel, la souveraineté - une « déchirure européenne » qui trouva son origine il y a plus de trente ans, en septembre 1992, lors d'un autre referendum européen, dit de Maastricht.

Le souvenir en est encore dans bien des esprits. S'est-on, à l'époque, avisé de la gravité de l'enjeu ? Il ne s'agissait rien moins, pour les grands Etats, que d'abandonner deux des principaux instruments de cette souveraineté qui est leur raison d'être : non seulement la monnaie, mais aussi la politique étrangère dans le Titre V, trop vite oublié, qui était sans doute le plus grave en ce qu'il conditionnait notamment la paix et la guerre et auquel l'auteur de ces lignes consacra, en 1997, un ouvrage, l'*Europe vers la guerre*. Or, la vérité consiste à dire que ce referendum dont tant a dépendu (dont on retint surtout la mise en route d'une monnaie unique, l'euro) constitua lui aussi, lui déjà, une forfaiture - plus discrète que celle de 2007, mais pas moins profonde. Revenons donc sur les conditions d'adoption du fameux « traité de Maastricht ».

Tout au long de l'année 1992, le débat fut âpre, quelquefois violent. Il avait été lancé, dès avant sa signature par les gouvernements réunis à Maastricht le 10 décembre 1991, par plusieurs personnalités importantes de la mouvance gaulliste, à l'époque encore puissante : d'abord par l'ancien ministre RPR Philippe Séguin dans un article du *Figaro* de novembre puis, dans le *Monde*, par un long article collectif signé par Yves Guéna (ancien Secrétaire Général de l'UDR), ainsi que Paul-Marie de la Gorce, Philippe de Saint-Robert, et quelques autres conscrits, dont l'auteur de ces lignes. Le sénateur Guéna, président du Cercle Périclès, organisa en décembre un colloque où défila tout l'armorial gaulliste, dont trois anciens Premiers ministres, Michel Debré, Maurice Couve de Murville et Pierre Mesmer, ainsi que des personnalités comme Philippe de Gaulle, Maurice Schumann, Charles Pasqua et tant d'autres. Quelques mois plus tard, en juin 1992, Philippe Séguin prononçait à l'Assemblée nationale un mémorable discours, lançant ce qui ne s'appellera que plus tard le souverainisme, discours si convaincant que, à la stupéfaction générale, la majorité des parlementaires gaullistes se retrouvèrent, lors du vote, sur la ligne du refus (sur 217 parlementaires RPR, 130 refusèrent la ratification), tandis que la fronde était multiforme sur les bancs de la gauche et que les centristes, entraînés par des personnalités centristes telles que Christine Boutin ou Philippe de Villiers, rejoignirent l'opposition à Maastricht. De semaine en semaine, le débat monta en gravité, acculant le Président de la République, en ces temps où la Constitution gardait une ombre d'autorité, à convoquer un referendum sur le « maudit traité ».

Le traité de Maastricht ne fut pas formellement adopté

On vit alors deux phénomènes également étonnants : pendant plus de trois mois, une ahurissante campagne médiatique se déchaîna contre les conscrits du NON, campagne décrite par la totalité de la presse et des grands médias (il n'y eut aucune exception) comme la lutte finale des éclairés et diplômés contre le dernier réduit des retardataires, honteux porte-parole des sans-diplôme et des imbéciles (une vedette de l'époque, Jacques Delors, enjoignant même aux « nonistes » de « prendre leur retraite ou de quitter la politique » – sic !). On a trouvé une succession étonnante de perles de ce genre dans un ouvrage de Jean-Pierre Chevènement, le *Bêtisier de Maastricht*, qui recense les arguments, frisant l'insulte, des partisans du OUI, et qui font aujourd'hui froid dans le dos - le tournant de Maastricht étant supposé assurer à l'Europe le rôle de « moteur de la puissance mondiale en moins de vingt ans » (Elisabeth Guigou). Il y eut pire encore : le chef de l'opposition, alors Jacques Chirac, trahit la majorité de son parti en le comptant au nombre des partisans du traité, de sorte que plus de 80% du temps de parole de la compagne officielle fut accordé aux tenants du OUI, un Oui dont, quinze jours avant le scrutin, la victoire était tenue pour assurée autour de 70% par tous les instituts de sondages.

Il y a la déchirure sur l'essentiel, la souveraineté, « déchirure européenne » qui trouva son origine il y a trente ans lors d'un autre referendum européen, dit de Maastricht.

Il n'en fut rien, et l'on vit alors ceci : le 20 septembre 1992, 26 696 626 électeurs participèrent au vote, sur les 38 305 534 Français inscrits. Pour que le traité fût approuvé par la majorité des votants, il eût fallu que le OUI recueillît la moitié de ces votants, soit 13 348 313 bulletins. Or, il n'y en eut que 13 142 321 : plus de 200.000 manquaient. Certes, le nombre de NON fut légèrement inférieur (12 623 582), le reste des votants étant constitué de « blancs et nuls », lesquels avoisinèrent 3%. Au soir de Maastricht, le résultat pouvait être présenté ainsi : un peu plus de 49% de votants dirent OUI, près de 48% dirent Non et 3% ni oui ni non. Le traité n'était pas adopté, du moins ne l'était-il pas formellement.

Les équivoques de chefs souverainistes

Les Oui n'ayant atteint ni la majorité des inscrits (il s'en fallut de beaucoup : ils ne représentèrent qu'à peine le tiers du corps électoral), ni même, et surtout, la majorité des *votants*, tout démocrate aurait dû, attendu la gravité de l'enjeu, exiger un second vote dans les mois suivants - après tout, le débat sur le traité créant la CED avait bien duré plus de trois ans avant que, ses opposants n'ayant cessé de croître sur divers bancs, l'Assemblée nationale ne la repoussât. Mais on s'en garda bien : vraisemblablement, ce nouveau débat aurait accru la mobilisation populaire en faveur du NON que, dans un premier temps, l'intoxication médiatique avait désarmée. Nul ne dénonça le coup de force, les maastrichiens s'empressant de célébrer leur victoire sur tous les tons et toutes les ondes. Qu'une majorité des votants n'avait pas approuvé le traité, nul n'osa s'en aviser, encore moins le dire, d'autant que les opposants eux-mêmes s'avouèrent aussitôt vaincus, certains avec un ostensible soulagement : Marie-France Garaud raconta comment, arrivant le soir du 20 septembre au siège de *Demain la France*, association réunissant les chefs « gaullistes » du NON, elle vit, sidérée, Charles Pasqua et Philippe Séguin sablant le champagne avec des cris de joie (« Ouf, on a perdu ! »), célébrant, derrière la défaite, des perspectives de victoire relativement à leur carrière - quelques mois plus tard, après les législatives de mars 1993, l'un devenait ministre de l'Intérieur, l'autre président de l'Assemblee Nationale. Peut-être une victoire du NON aurait-elle pu rendre moins confortable leur avenir - comme les agioteurs en bourse, les politiciens ne craignent rien tant que les incertitudes.

> *Au soir de Maastricht, le résultat pouvait être présenté ainsi : un peu plus de 49% de votants dirent OUI, près de 48% dirent NON et 3% ni oui ni non. Le traité n'était pas adopté, du moins ne l'était-il pas formellement.*

Unanimement voués à la cause de ce qu'ils nommaient à l'unisson la « construction européenne », les médias écrasèrent ce qui fut le premier d'une longue suite de dénis de démocratie – quand bien même ladite construction se faisait en son nom, puisque la démocratie était réputée être le grand paradigme unificateur de l'« Europe ». Le lendemain du 20 septembre, *« républicains »* et *« démocrates »* célébraient coude à coude le bicentenaire de la proclamation de la République, et l'affaire fut entendue.

Ici, notons un dernier point, relatif à l'étonnant manque de combattivité des chefs « souverainistes ». Ce que l'on avait vu en 1992 se renouvela en 2007 lors de la forfaiture du traité de Lisbonne. Le jour où les démocrates le firent adopter par leurs députés et sénateurs transportés en autobus à

Versailles, un petit parti souverainiste, le *Rassemblement pour l'Indépendance de la France* (RIF) organisa une manifestation à Versailles : ne parurent aucun des chefs du non, aux seules exceptions de Pierre Lefranc, ancien chef de cabinet du Général de Gaulle et de Nicolas Dupont-Aignan. Comme d'habitude, seuls quelques gaullistes ont tenu le coup. Il est vrai que la supercherie fut, outre celui de la chancelière d'Allemagne, le fait d'un européanolâtre, Nicolas Sarkozy, élu président de la République avec le soutien au second tour de presque tous les porte-parole du NON, comme si leur refus s'était entre-temps évaporé. Notons encore une anecdote peu connue mais plus récente : aux élections européennes, une des plus solides voix souverainistes se refusa à présenter une liste, de crainte qu'elle ne dépassât 5% et qu'il fût de ce fait contraint de siéger à l'Assemblée de Strasbourg et Bruxelles, donc d'abandonner son siège parlementaire, sans doute tenu pour une plus sûre assurance vie. Nous en sommes là, et il n'est pas exagéré de dire que le peuple français ne fut pas simplement trahi, tout au long de sa longue mise à mort, par ses oligarchies autoproclamées « élites » : il le fut aussi par ceux-là mêmes qui avaient prétendu le défendre, circonscrivant soigneusement leur combat dans les limites de leur confort politique. Nietzsche eut un fameux coup d'œil en prédisant que le trait principal de l'homme moderne était la lâcheté… ■

La supercherie de 2007 fut, outre celui de la chancelière d'Allemagne, le fait d'un européanolâtre, Nicolas Sarkozy, élu président de la République avec le soutien au second tour de presque tous les porte-parole du NON, comme si leur refus s'était entre-temps évaporé.

Grand Entretien

« Le vrai nom de la construction européenne devrait être : colonisation américaine »

Entretien exclusif avec **François Asselineau,**
Président de l'*Union Populaire Républicaine (UPR)*

François Asselineau.

Ancien élève de l'ENA, diplômé d'HEC, inspecteur général des Finances rompu aux arcanes de l'Etat (il participa ou dirigea plusieurs cabinets ministériels de droite dans les années 1990, notamment ceux de l'Industrie, puis des Affaires étrangères, puis délégué général à l'intelligence économique au Ministère de l'Economie et des Finances), François Asselineau l'est aussi aux arcanes de la vie politique française, d'abord comme directeur de cabinet de Charles Pasqua et comme membre du RPF, de l'UMP puis du RIF, enfin comme président de l'Union Populaire Républicaine, qu'il a fondée en mars 2007. Il n'est pas exagéré de dire que, candidat à l'élection présidentielle de 2017, il était, avec François Fillon, le seul candidat qui ait la stature d'un homme d'Etat. Remercions-le d'avoir consacré au Nouveau Conservateur *le temps qu'il fallait pour exposer ses thèses par écrit, qui sont celles du Frexit. Nous reproduisons en encadré quelques passages d'une des célèbres conférences filmées de François Asselineau, que l'on conseille à nos lecteurs de regarder régulièrement sur UTube, et rappelons les entretiens qu'il nous a accordés l'été dernier, diffusées par TVL - aussi sur UTube.*

Précisons ici deux choses : d'abord que, si l'équipe du NC n'est pas tout à fait unanime, l'auteur de ces lignes n'en partage pas moins toutes les vues développées ici - sauf peut-être quant aux étapes, qu'on peut juger indispensables devant conduire à terme rapproché à libérer la France de la prison, pour ne pas dire de l'espèce de petite mort politique, à laquelle l'Union Européenne réduit notre peuple à l'étouffement, et de

la soumission complète à l'ordre otanien, au point de lui faire perdre jusqu'à la conscience la plus élémentaire de ses intérêts propres - ce que je développais déjà avec le Pr. Jean-Paul Bled et Alain Bournazel dans un ouvrage publié en 2006 aux éditions FX de Guibert Sortir de l'Union Européenne. Et précisons aussi que ce « grand entretien » n'équivaut pas à un soutien électoral du NC à la liste que présente François Asselineau à l'élection européenne, serait-ce seulement qu'il n'entre pas dans la fonction d'une revue comme la nôtre d'entrer dans l'arène électorale. Souhaitons seulement que, pour l'avenir de la France, un homme tel que François Asselineau s'unisse avec d'autres figures de la liberté national, tel Jean-Frédéric Poisson, Florian Philippot et Nicolas Dupont Aignan : élevons avec François Assselineau ce débat crucial en souhaitant « tout que ce qui élève unisse »... /pmc

Dean Acheson, secrétaire d'Etat américain sous la présidence d'Harry Truman est le véritable auteur de la « Déclaration Schumann » du 9 mai 1950 censée avoir « fondé l'Europe » !

Dès les années 1950, les communistes et les royalistes qualifiaient la dite « construction européenne » d' opération américaine. Vous insistez à votre tour sur les ficelles que tiraient Washington et ses relais (la CIA, les « Fondations », etc.), par l'intermédiaire de quelques personnages comme Monnet ou Schumann qu'un rapport interne de l'administration EU nommait « nos personnels » - l'austère journal londonien **Daily Telegraph** ***publia ce rapport le 19 septembre 2000. Comment comprendre que notre presse ne fasse jamais écho à telles révélations et que les Français ignorent toujours que l'UE est un produit « made in usa » ?***

On a vendu aux peuples l'Europe des nations, du plein-emploi, de la paix etc. et nous nous retrouvons en fin de compte avec une dictature menée par des oligarques non-élus. Comment en est-on arrivé là ?

La première question à se poser est : qui est ce « on » ? Après la Seconde Guerre mondiale, les États-Unis ont repris à leur compte une utopie qui remonte à l'Antiquité romaine et qui a traversé siècles et millénaires : le rêve d'unifier tous les peuples d'Europe sous une même autorité. Washington a compris qu'inciter un nombre sans cesse croissant d'États européens, aux intérêts divergents, à vouloir fusionner dans une structure fédérale unique conduirait ces États dans des blocages sans fin. C'est l'application du célèbre « Stratagème des chaînes » issu du *Livre des Trente-six Stratagèmes*, livre de stratégie chinoise datant de la dynastie Ming, aujourd'hui étudié dans les écoles de guerre du monde entier. Ces blocages ne peuvent être surmontés qu'en se plaçant sous la tutelle d'un « fédérateur extérieur qui ne serait pas européen » pour r eprendre l'euphémisme du général de Gaulle dans sa conférence de presse du 15 mai 1962.

Il s'agissait en fait de mettre en œuvre les accords des Conférences de Téhéran (1943), Yalta (1944) et Postdam (1945) où les EU et l'URSS s'étaient partagé l'Europe en deux zones d'influence antagonistes. Pour obtenir leur alignement sur Moscou, Staline pouvait mener des coups de force dans les pays d'Europe de l'Est, ceux-ci n'ayant pas une grande tradition démocratique. Mais imposer la domination américaine dans les pays d'Europe de l'Ouest, qui avaient, eux, une tradition démocratique, c'était une autre paire de manches. C'est pourquoi Washington procéda de façon plus dissimulée, en suggérant l'idée d'une *union douanière* inspirée du *Zollverein* bismarckien, d'où émergerait une union politique. C'est d'ailleurs le principe de base de tout projet de colonisation.

Washington a monté ce projet grâce à des « pères porteurs » (pour la France, Jean Monnet, Robert Schumann et quelques autres, tel Jean-Louis Schneiter, etc.) qui ont vendu aux Français et aux Allemands une belle histoire, alors que la déclaration Schumann fut prosaïquement rédigée dans les services de Dean Acheson, secrétaire d'État à l'époque. Les Etats-Unis ont ainsi lancé une procédure d'unification européenne comme s'il s'agissait d'une initiative française puis franco-allemande, alors qu'ils en étaient les instigateurs. Lorsque l'on sait tout cela, on comprend que la « construction européenne » est une supercherie ; son vrai nom est « colonisation américaine ».

Plus cette « construction » s'élargit à de nouveaux États membres et plus cette Europe prétendument « unie » s'épuise dans des problèmes sans fin, qui finalement ne peuvent être surmontés que par un alignement de plus en plus complet sur Washington. À Six, il était déjà difficile de s'entendre : qui vécut à cette époque se souvient des journaux télévisés en noir et blanc se faisant l'écho des « marathons agricoles » et des « montagnes de beurre » autour desquels s'écharpaient déjà les commissaires européens. Aujourd'hui, avec 27 pays et 24 langues officielles, le piège de la soumission complète aux États-Unis s'est parachevé. Les traditions anthropologiques, religieuses, politiques, industrielles, agricoles, historiques, syndicales, civilisationnelles etc., sont tellement divergentes que l'édifice ne peut fonctionner cahin-caha que sous une autorité de plus en plus indifférente aux volontés des peuples ; et donc de plus en plus dictatoriale. D'où la prise de pouvoir par les fonctionnaires de la Commission européenne, qui imposent leur dystopie au service de la politique américaine.

Si cette dictature s'imposa décennie après décennie, c'est parce que la classe politique française est devenue très médiocre. Nos dirigeants politiques n'ont en vue que leur ambition personnelle et se plient aux diktats mentaux imposés par les médias possédés par des oligarques euro-atlantistes. La France a ainsi succombé à ce que De Gaulle appelait « l'esprit d'abandon ». De concessions en abandons, nos dirigeants successifs ont pris pour habitude de ne plus défendre les intérêts nationaux et de laisser proliférer, comme une tumeur maligne, une « Europe » de plus en plus liberticide et totalitaire qui produit ses méfaits sous nos yeux. La prétendue « construction européenne » n'est pas seulement une « colonisation américaine » mais aussi une « destruction » de la France et des États-nations d'Europe.

La « construction européenne » est une supercherie ; son vrai nom est « colonisation américaine ».

Vous vous défiez de toute tentative de « réformer l'UE », par exemple en supprimant la Commission ou telle ou telle cour de Justice supranationale. Mais ces propositions ne sont-elles pas qu'un habillage rendant inévitable à terme l'effondrement de la construction » ? La suppression de la Commission, par exemple, ne ferait-elle pas sombrer tout l'édifice ? Dès lors, pourquoi demeurer intraitable, puisque le Frexit ou la suppression de la Commission reviendrait au même ?

La promesse d'une « réforme de l'Europe » ou d'une « autre Europe », ou de « changer d'Europe » doit être examinée de très près. Car elle est au cœur d'à peu près toutes les listes qui se présentent aux élections européennes : ce qui explique que tous ces projets soient vains et qu'il n'y a pas d'autre solution que d'en sortir.

Un examen critique de ces promesses « d'autre Europe » doit être le plus précis possible du point de vue juridique. Permettez-moi de rappeler que ce que l'on appelle « l'Europe » ou « l'Union européenne » n'est pas un État reconnu comme tel. C'est une organisation internationale, régie par un empilement de traités, dont le premier fut le Traité de Rome de 1957 créant le Marché Commun, et dont le dernier en date est le Traité de Lisbonne signé en 2007 - il y a donc 17 ans.

Il y a un point capital à comprendre : il n'est pas possible de « changer l'Europe » de façon significative sans modifier les traités européens. Un exemple : la fin des exploitations agricoles familiales découle directement de l'article 39 du Traité sur le fonctionnement de l'Union européenne (TFUE), qui pose que l'objectif principal de la politique agricole est « d'accroître la productivité de l'agriculture ». Cette disposition est sans limitation de durée et n'est contrebalancée par aucune disposition qui viendrait en atténuer la puissance dévastatrice. Le TFUE ne comporte par exemple aucune disposition pour assurer le maintien d'un pourcentage minimum d'agriculteurs en zones rurales ou la qualité organoleptique des aliments ou l'identité des terroirs. Nulle disposition non plus dans ce TFUE pour limiter la taille des exploitations ou des fermes, les élevages intensifs, ou inciter au bien-être animal. Bref, les Traités n'envisagent le développement de l'agriculture que sous l'angle de la recherche du profit maximal, qui

EU – France : deux conceptions radicalement différentes de la liberté

Extraits de la conférence de Fr. Asselineau « Qui gouverne la France et l'Europe ? » (27 avril 2012), à retrouver sur Youtube https://www.youtube.com/watch?v=Bb8dB7d3BdE)

« La guerre d'indépendance, cette « révolution américaine » comme on va l'appeler, qui intervient 16 ans avant la prise de la Bastille, démarre sur des bases totalement différentes de celles qui ont marqué le début de la Révolution française. (...) La révolution américaine a été lancée par des colons riches et esclavagistes. George Washington est un planteur de Virginie qui va prendre la tête du mouvement, il sera le premier président des États-Unis d'Amérique indépendants... Quand il meurt le 17 décembre 1799 dans sa plantation de Virginie de coton, il a 320 esclaves noirs à sa disposition. Donc la révolution américaine revendique une liberté, mais celle qui est revendiquée est celle du commerce. Ça n'est pas du tout celle de leurs esclaves. Alors que la liberté revendiquée par la République française était bien la liberté de tout être humain, notamment proclamée par la Déclaration des droits de l'homme et du citoyen que signe Louis XVI en août 1789. La France – on a un peu tendance à l'oublier – a été le premier pays au monde à abolir l'esclavage (aboli « dans tout le royaume de France » par un édit du roi Louis X signé le 3 juillet 1315, et rétabli pour les colonies par Bonaparte en 1802 - ndlr.). Je rappelle que les États-Unis seront le dernier pays occidental à abolir l'esclavage, après la guerre de Sécession en 1869 »

doit s'accroître d'année en année. Au bout du processus, le TFUE assure le triomphe de l'agrobusiness et la disparition des petits exploitants, sauf ceux qui peuvent développer une « stratégie de niche » parce qu'ils bénéficient d'une appellation d'origine protégée.

Face à cette évolution fatale, un parti comme Les Républicains, censé protéger les agriculteurs familiaux qui font partie de leur électorat traditionnel, va promettre une « Europe des terroirs » qui garantirait la survie des exploitations familiales. De leur côté, Les Écologistes, qui veulent une agriculture biologique, sans engrais ni pesticides, vont promettre de bâtir une « Europe écologiste ». De son côté, le parti animaliste va promettre une autre Europe, une « Europe animaliste », etc. Mais, s'ils voulaient vraiment remplir leurs promesses électorales, chacun de ces partis devrait obligatoirement s'atteler à la modification de la rédaction de l'article 39 du TFUE, c'est-à-dire demander la modification des traités. Sinon, ce sont autant d'impostures.

Nos dirigeants ont pris pour habitude de ne plus défendre les intérêts nationaux et de laisser proliférer une « Europe » de plus en plus liberticide et totalitaire.

Or je rappelle que, selon le droit international et selon le Traité de l'Union européenne lui-même (Article 48-1. du TUE), la modification des traités doit se faire à l'unanimité des États membres. Pour modifier l'article 49 du TFUE, qui a pour effet tangible de condamner la paysannerie française à la disparition, il faut donc obtenir :

1. Dans un premier temps, la signature des 27 Gouvernements des 27 États membres, qui doivent élaborer un seul et même texte, à la virgule près, puis tomber tous d'accord dessus. Cela suppose des années de négociations, dont rien n'est moins sûr qu'elles débouchent sur un accord. Car les pays du nord de l'Europe, qui n'ont aucune envie de surpayer leurs importations de produits agricoles pour favoriser le sort des agriculteurs espagnols ou français, préfèrent se tourner vers les importations de produits agricoles bien moins chers venus du Maroc, du Sénégal ou du Kenya. S'ils devaient accepter la rédaction différente de l'article 39, ce serait donc au détriment de leurs intérêts nationaux et ils ne pourraient y consentir que s'ils obtenaient des compensations sur un autre chapitre des Traités. En d'autres termes, il est fatal d'ouvrir la Boîte de Pandore de la renégociation, très hasardeuse.

2. A supposer néanmoins qu'un nouveau traité finisse par être élaboré et signé par les 27 Gouvernements, il faut dans un second temps obtenir la ratification des 27 États sur ce même texte. Cela s'opère très généralement par les Parlements, mais dans quelques cas (comme en Irlande par exemple) par référendum. Or l'exemple de 2005 est dans tous les esprits. Le Traité constitutionnel européen avait été signé par les Gouvernements français et néerlandais. Mais les deux peuples français et néerlandais ont refusé par référendum de le ratifier.

Résumons : pour instaurer une « autre Europe », par exemple assurant la survie de la paysannerie française et/ou la qualité des aliments et/ou le refus de l'agrobusiness, il faut obtenir l'accord unanime de 54 institutions (27 Gouvernements et 27 Parlements ou référendums) émanant de 27 pays sur un même texte à la virgule près. Ce constat conduit à une conclusion fatale : alors qu'il était déjà très difficile de modifier les traités européens (on l'a vu lors de la négociation du Traité de Nice de 2000, alors à 15 États), il est devenu désormais quasiment impossible statistiquement de faire en sorte que 54 acteurs (27 Gouvernements et 27 Parlements) aux intérêts divergents tombent d'accord sur un nouveau Traité. A fortiori si ce Traité devait bouleverser de fond en comble l'Union européenne telle qu'elle s'est développée depuis 1992 sous l'effet de sa dynamique propre.

Ce que je viens d'analyser sur la seule question agricole se retrouve à l'identique dans tous les domaines. Que l'on promette une « Europe des travailleurs », une « Europe sociale », une « Europe des nations », une

Une lecture rapide du « billet vert »

Extraits de la conférence de Fr. Asselineau « Qui gouverne la France et l'Europe ? » (27 avril 2012), à retrouver sur Youtube https://www.youtube.com/watch?v=Bb8dB7d3BdE)

Pour les EU, l'instance, l'institution qui fixe les règles du commerce extérieur, c'est l'instance qui dirige les autres. Donc ils ont une vision commerçante de la liberté et une vision du commerce international qui finalement est assez étrangère à la vision française. Ceci permet de jeter un œil sur la façon dont les États-Unis voient le monde. Il suffit de prendre un billet de 1 dollar : vous avez à l'avers le portrait de George Washington, le propriétaire des 320 esclaves noirs dont je parlais tout à l'heure que, d'ailleurs, les États-Unis continuent de célébrer comme si de rien n'était. (...). Au revers du billet de 1 dollar, il y a plusieurs choses intéressantes. D'abord, il y a cette inscription : « In God we trust ». Ça veut dire : « Nous plaçons notre confiance en Dieu ». Ça fait référence au fait que pour les Américains, il y a une destinée manifeste du peuple américain et qu'il s'agit de bâtir une espèce de nouvelle Jérusalem sur terre. Pour les chrétiens, du moins pour les catholiques, c'est un blasphème. (...) Mais le plus intéressant est ailleurs. Il est dans cette bannière qu'il y a en dessous où est écrit en latin : Novus ordo seculorum, ce qui veut dire « le nouvel ordre des siècles », « le nouvel ordre du monde ». Une pensée typiquement impériale : l'Amérique estime avoir vocation à fixer un nouvel ordre mondial »

« Europe indépendante », une « Europe plus démocratique », une « Europe souveraine » etc., on se heurte toujours à la nécessité de changer les Traités à l'unanimité et donc à l'irréductible divergence des intérêts nationaux.

Ainsi, la suppression de la Commission européenne (le *Bruxit*) que vous citez est une fausse fenêtre et j'aimerais que son auteur mesure pleinement à quel point sa proposition est inopérante. D'emblée, par exemple, on est certain que le Gouvernement belge la refuserait, car les milliers de fonctionnaires de la Commission contribuent largement à l'économie de la capitale belge et parce que le siège de la Commission confère à Bruxelles un statut enviable de ville internationale ; d'autres pays la bloqueraient tout de suite, à commencer par les pays de l'Est, qui sont bénéficiaires nets des subventions européennes et qui ont donc besoin de l'intermédiation de cette structure. Les petits États membres de l'Union européenne (Malte, Chypre, Slovénie, Slovaquie, Danemark, Luxembourg, Estonie, Lettonie, Lituanie, etc.) seraient également vent debout contre la suppression de la Commission européenne dans laquelle ils ont chacun un Commissaire européen, à égalité avec les plus grands États que sont l'Allemagne, la France ou l'Italie.

Ce que l'on appelle « l'Union européenne » n'est pas un État reconnu comme tel. C'est une organisation internationale, régie par un empilement de traités.

Bref, l'idée de supprimer la Com-mission européenne n'a aucun sens, si ce n'est pour avancer masqué afin d'acclimater subrepticement l'idée de sortir de l'Union européenne ou de la détruire sans le dire. Mais ce type de raisonnement est contre-productif, parce qu'il élude la question fondamentale du bien-fondé même de la chimère supranationale.

Vous nous chagrinez beaucoup en refusant de vous dire souverainiste, car ce que vous proclamez là, je pense être bien placé pour le dire, est exactement au cœur de leur démarche, quand bien même certains pensent que, en effet, il faut « acclimater » l'idée de la sortie, comme de Gaulle l'avait fait dans l'affaire algérienne, se gardant d'annoncer tout de go, dès 1958, l'indépendance… Vous refusez toute étape : mais n'est-ce pas qu'une divergence sur le modus operandi ?

Pour actualiser un bon mot de Charles de Gaulle, les souverainistes sont comme les européistes : ils ne veulent pas ce qu'ils savent et ne savent pas ce qu'ils veulent. Car enfin, que veulent les souverainistes qui se déclarent pour une « Europe des nations », ou pour une « Europe des peuples » ? Soit ils acceptent de procéder à des transferts de souveraineté à une entité supranationale comme c'est actuellement le cas, quel que soit le nom dont on l'affuble, mais alors en quoi le souverainisme diffère-t-il substantiellement de l'européisme et en quoi peut-il nous protéger

Impérialisme et libre-échange

Extraits de la conférence de Fr. Asselineau « Qui gouverne la France et l'Europe ? » (27 avril2012), à retrouver sur Youtube https://www.youtube.com/watch?v=Bb8dB7d3BdE)

Un nouvel ordre mondial, dès le début du XIXe siècle ! Voilà un pays qui a 4 fois moins d'habitants que la France et qui prétend réorganiser le monde. On va le voir dès 1812 sous Andrew Jackson, le 7e président des États-Unis qui tente de faire main basse sur les provinces britanniques du Canada, mais échoue. A partir de ce moment-là, les Américains vont poursuivre le même objectif, mais d'une autre façon, inventant un nouveau type de conflit : une guerre qui est parfaitement résumée par ce compte-rendu de Isaac Andrews, agent secret des États-Unis d'Amérique, faisant rapport au département d'État le 13 mai (cette lettre fait partie de documents historiques exhumés dans un livre que je recommande, Hors des griffes de l'aigle : quatre siècles de résistance canadienne à l'expansionnisme américain). Il s'agit d'un agent secret américain qui œuvre au Canada pour essayer de mettre la main sur le Canada (...) Voici ce qu'il dit : « Dans le but d'aider les mouvements partisans de l'annexion et du libre-échange au Canada, j'ai versé 5000 dollars à un rédacteur de journal » ; ce qui veut dire : « J'ai corrompu la presse canadienne ». J'ai versé 5000 dollars à un procureur général » ; ce qui veut dire : « J'ai corrompu la justice ». « J'ai versé 5000 dollars à un inspecteur général » : « J'ai corrompu l'administration ». « Et j'ai versé 15 000 dollars à un député de l'Assemblée du Nouveau-Brunswick», donc « J'ai corrompu le niveau politique ». Et voici ce que poursuit notre agent secret : « J'ai pris par conséquent les mesures qu'exigeait la situation au Nouveau-Brunswick afin de modérer l'opposition et de tranquilliser l'opinion publique ». Andrews poursuit : « J'ai réussi à me rendre à Fredericton (capitale provinciale du Nouveau-Brunswick) avant la fin de la session de l'Assemblée législative et j'ai ainsi évité tout débat sur la proposition de traité de libre-échange à l'étude ou sur tout autre mesure législative néfaste ». C'est-à-dire qu'on va proposer des mesures de libre-échange parce que le libre-échange va faire en sorte que l'on modifie les structures économiques du pays. On va imposer un modèle économique, un modèle social au pays visé. Et pour tranquilliser l'opinion publique, surtout, surtout, il faut qu'elle ne soit pas au courant. Donc on évite tous les débats de fond. C'est ce que nous vivons en ce moment.

Le général de Gaulle à l'Albert Hall de Londres, le 18 juin 1942.

d'une réédition de la catastrophe en cours ? Soit on refuse tout transfert de souveraineté, mais quel en est alors l'intérêt par rapport à des traités bilatéraux ou multilatéraux sur des coopérations précises ? Pour traiter les problèmes migratoires de la France par exemple, quel serait l'intérêt d'une « Europe des nations », intégrant des pays riverains de la Baltique (Pologne, Allemagne, Danemark, Suède, Finlande, États baltes) ? C'est bien au contraire un Groupe d'intervention des pays riverains de la Méditerranée qui serait pertinent et opérationnel.

Que l'on promette une « Europe sociale », une « Europe des nations », une « Europe souveraine » etc., on se heurte toujours à la nécessité de changer les Traités à l'unanimité et donc à l'irréductible divergence des intérêts nationaux.

En résumé, vous me permettrez de souligner les nécessaires clarté et rectitude qu'il convient d'avoir sur le sujet le plus fondamental de notre époque, à savoir le maintien de la France comme une puissance libre, souveraine et indépendante ou sa dissolution progressive dans un État continent européen vassal des États-Unis d'Amérique. On ne peut pas se prétendre gaulliste, et plus généralement se prétendre français, si l'on oublie que nous sommes le pays de Nicolas Boileau, qui nous enseigne dans son *Art poétique* que « ce qui se conçoit bien s'énonce clairement et [que] les mots pour le dire arrivent aisément ».

On ne peut pas prétendre vouloir redresser la nation face à un effondrement historique si l'on se contente d'une politique artificieuse de clairs-obscurs et de faux-semblants, par pusillanimité face à la doxa dominante ou par lâcheté vis-à-vis des médias. Car on ne relèvera pas la France en catimini et sans le consentement éclairé des Français.

Puisque vous évoquez de Gaulle, vous me permettrez de faire référence ici au puissant discours de l'Albert Hall qu'il prononça à Londres le 18 juin 1942, pour le 2e anniversaire de l'Appel. Il était confronté lui aussi à des émissaires cauteleux qui lui suggéraient d'être moins droit et intransigeant, de nouer des relations avec certains cercles qui pourraient faire la jonction avec les pétainistes ou qui pourraient éventuellement s'entendre ici ou là avec les forces d'occupation. À toutes ces sirènes de la compromission, De Gaulle répondit de façon grandiose : « Nous avons choisi la voie la plus dure, mais aussi la plus habile : la voie droite. Depuis que nous avons commencé notre tâche de libération nationale et de salut public, pas un de nos actes, pas un de nos mots, n'a jamais dévié de la ligne que nous avions adoptée. Nous voici le 18 juin 1942. Je suis, pour ma part, tout prêt à reprendre, sans rien y changer, tout ce que nous avons fait et tout ce que nous avons dit depuis le 18 juin 1940. Je ne sais pas si, dans le monde, beaucoup d'attitudes et beaucoup de déclarations seraient, après deux ans, intégralement réaffichées par leurs auteurs. Mais je sais que notre entreprise peut être depuis la première heure contresignée, telle quelle, tous les jours (...). Sans nul doute, un certain fléchissement dans nos devoirs, certains accommodements avec nos responsabilités auraient pu nous faire paraître momentanément plus commodes. On aurait dit moins souvent : « Ah ! Comme ils sont difficiles ! » Mais, du même coup, nous aurions perdu cela même qui est notre flamme et notre raison d'être : l'intransigeance dans l'honneur pour le service du pays. Car, dans l'extrémité où la France se trouve réduite, il n'y a ni compromissions, ni transactions concevables. Que serait devenue la patrie si Jeanne d'Arc ou Clemenceau, avaient voulu transiger ? Du désastre à la victoire, la ligne droite est le plus court mais aussi le plus sûr chemin. »

Vous fûtes le seul à ne pas saluer l'élection voici plus d'un an de Giorgia Meloni que Le Nouveau Conservateur n'a lui-même commentée qu'avec scepticisme en rappelant la mainmise américaine intraitable sur l'Italie depuis 1943. Comment avez-vous si tôt perçu qu'elle ne « renverserait pas la table » ?

J'ai fait ce que devrait faire tout électeur avant de se déterminer : lire la propagande électorale officielle des candidats pour savoir réellement ce sur quoi ces derniers s'engagent, par-delà le bruit médiatique qui les entoure et qui leur fait dire des choses qu'ils ne disent pas réellement. J'invite d'ailleurs les électeurs à ne pas s'attacher à des phrases superficielles prononcées en l'air ça et là par les candidats au détour d'un entretien avec un journaliste. Les électeurs doivent avoir à l'esprit que chaque mot est pesé dans une profession de foi électorale ou un programme qui sont édités à des dizaines de millions d'exemplaires. Tout ce qui y est écrit a été mûrement réfléchi. Les absences sont, elles-aussi, minutieusement calculées. Il n'est pas exagéré de dire que ce qui n'est pas écrit est plus révélateur que ce qui est écrit. Or, le programme électoral officiel de Mme Meloni pour les élections générales du 25 septembre 2022 est disponible sur le site Internet du ministère de l'Intérieur italien. C'est un document court de 15 pages et en 15 points intitulé « Accord cadre de programme pour un gouvernement de centre-droit » - puisque Mme Meloni était à la tête d'une coalition composée de Fratelli d'Italia, mais aussi de la Lega de Matteo Salvini, de Forza Italia de Silvio Berlusconi et d'une myriade de petits partis de centre droit sous le nom de *« Noi moderati »*, ce qui signifie « Nous modérés » (une sorte de réplique italienne de l'éphémère parti français « Nous citoyens »). Le premier point de ce programme permettait de savoir d'emblée qu'il n'y avait absolument rien à en attendre. En voici quelques passages sous le titre *L'Italie, partie intégrante de l'Europe, de l'Alliance atlantique et de l'Occident :* « Respect des engagements pris au sein de l'Alliance atlantique, notamment en matière d'ajustement des crédits de défense, de soutien à l'Ukraine face à l'invasion de la Fédération de Russie et de son soutien à toute initiative diplomatique visant à résoudre le conflit. Adhésion totale au processus d'intégration européenne, avec la perspective d'une Union européenne plus politique et moins bureaucratique, etc. »

Cela fait 25 ans que des partis politiques comme le RN ou LR font croire à nos compatriotes que le gouvernement français décide ce qu'il veut en matière migratoire. C'est tout simplement faux.

D'emblée, Mme Meloni annonçait conserver pleinement l'Italie dans cette « prison des peuples » et ce système de domination oligarchique que sont l'Union européenne et l'euro. En clamant son « adhésion totale au processus d'intégration européenne », elle acceptait par avance tout ce qui découle des traités européens, notamment en matière de politique migratoire. Je rappelle que l'immigration, l'asile, les visas et les autres mesures relatives à la libre circulation des personnes sont des compétences partagées entre les États membres et l'Union européenne depuis le traité d'Amsterdam signé le 2 octobre 1997 et entré en vigueur le 1er mai 1999. Cela va donc faire 25 ans que des partis politiques, en France, comme le RN ou LR font croire à nos compatriotes que le gouvernement français décide ce qu'il veut en matière migratoire. C'est tout simplement faux.

Pour en revenir à Mme Meloni, peu de temps après son élection, elle faisait savoir que son gouvernement ouvrirait la délivrance de visas à 452.000 personnes d'ici 2025, nombre colossal mais cohérent avec l'objectif, décliné par la Commissaire européenne au marché intérieur Ylva Johansson, de faire entrer dans l'Union européenne environ 4,5 millions de travailleurs par an. Mme Meloni ne remettait pas davantage en question l'OTAN qui est la face militaire du processus de vassalisation du Vieux Continent par les États-Unis d'Amérique, dont la prétendue « construction européenne » n'est que la face civile. Elle reprenait tout le narratif antirusse élaboré par la CIA et le département d'État américain. Rappelons d'ailleurs au passage qu'elle est très proche de la « National Italian American Foundation » et de l'Institut Aspen qu'elle a rejoint début 2021 et qui est financé par les relais traditionnels de l'État profond américain : Carnegie Corporation, Rockefeller Brothers Fund, Fondation Bill & Melinda Gates, Fondation Ford etc.

Les orientations de Mme Meloni étaient parfaitement publiques, il suffisait de les lire. De la même façon, tout est parfaitement public concernant les clones français de Mme Meloni qui, d'ailleurs, comme vous l'aviez souligné, ont salué son élection en septembre 2022 et, pour certains d'entre eux, ont noué un accord avec son parti Fratelli d'Italia pour les élections européennes du 9 juin prochain.

Pour nous, tout responsable politique dont le programme ne commence pas par indiquer qu'il faut sortir de l'UE, de l'euro et de l'OTAN se condamne à devoir obéir à ces institutions qui s'imposent aux gouvernements nationaux, en droit et dans les faits, grâce aux pressions considérables qu'elles peuvent exercer sur leurs membres. Une réorientation de la « construction européenne » conforme aux intérêts de la France est, par conséquent, impossible puisqu'elle signifierait la conclusion de nouveaux traités à faire signer et ratifier par 26 autres États. Cette chimère de l'« autre Europe » est promise aux électeurs depuis les premières élections du Parlement européen en 1979. On en est toujours là !

Tout responsable politique dont le programme ne commence pas par indiquer qu'il faut sortir de l'Union européenne, de l'euro et de l'OTAN se condamne à obéir à ces institutions qui s'imposent aux gouvernements nationaux, en droit et dans les faits.

En particulier, il est impossible de mettre à l'immigration le véritable coup d'arrêt que les Français souhaitent, dans leur très grande majorité désormais, puisque l'UE a l'objectif exactement inverse, qui est d'amplifier encore les flux migratoires. Les projets d'« union des droites » sont des voies de garage comme le démontre Mme Meloni. L'« union des droites » est incompatible avec le grand rassemblement populaire alliant droite et gauche que requiert la sortie de l'Union européenne et auquel je travaille depuis 17 ans. Les sondages réalisés juste après le référendum du 29 mai 2005 victorieux contre le projet de « Constitution européenne » avaient montré en effet que sur les 55% de Français ayant rejeté le texte, 30 à 35 points venaient certes de la droite mais 20 à 25 points venaient de la gauche. C'est un point absolument essentiel : on ne peut vouloir à la fois l'union des droites et le *Frexit*.

Vous présentez une liste aux élections européennes : pour quoi faire ?

Il y a un moyen réel de faire « turbuler » le système, c'est que nous réalisions une percée aux élections européennes. En février 2019, pendant la campagne pour les élections européennes précédentes, nous comptions

25 millions de vues cumulées sur notre chaîne de télévision UPR-TV. Aujourd'hui, 5 ans après, nous en comptons 95 millions et mes vidéos sont les plus vues, de très loin, de tous les responsables politiques français. Nous sommes donc fondés à espérer une percée électorale le 9 juin, même si la censure totale qui nous frappe sur les grands médias est un sérieux handicap. Notons au passage que cette censure totale a au moins le mérite de révéler la vraie nature du régime macroniste et d'être un formidable indicateur de l'inquiétude que suscite l'UPR chez les oligarques qui ont mis la main sur la France.

Dans le système dans lequel nous sommes, les « opposants » que l'on présente dans les médias sont forcément des opposants de complaisance. Ainsi, au-delà de critiques aussi véhémentes qu'inoffensives, Jordan Bardella (RN), Marion Maréchal (R !) François-Xavier Bellamy (LR), Marie Toussaint (EELV), Léon Deffontaines (PCF) et Manon Aubry (LFI) sont tous les six d'accord pour rester dans l'Union européenne et dans l'euro. Ils sont aussi tous d'accord pour entretenir la fiction (que j'ai démontée précédemment) selon laquelle les eurodéputés auraient le pouvoir de « changer l'Europe ».

Nos eurodéputés utiliseront leur mandat en s'inspirant de ce que firent en leur temps les députés britanniques du UKIP de Nigel Farage : c'est précisément leur activisme au parlement européen qui rendit populaire la cause du Brexit au Royaume-Uni, jusqu'à la rendre majoritaire dans l'opinion. Nous nous attacherons aussi à faire sauter la censure qui nous frappe. Avec des parlementaires européens UPR, les médias ne pourront plus nous « invisibiliser » et seront contraints d'ouvrir le grand débat du *Frexit*. ■

Quelques ouvrages sur les origines de la destruction européenne

A la fin d'une conversation sur la « construction européenne », un ancien ministre des Affaires étrangères du général De Gaulle laissa tomber d'un air entendu : « Il vous suffira de tirer sur le fil du mensonge et tout viendra ». Des décennies plus tard, Philippe de Villiers décida de tirer sur le fil, et tout est venu. C'est d'ailleurs le titre d'un ouvrage qu'il publia en 2019 (édition Fayard), ouvrage brillant qui fait la synthèse de travaux universitaires, tels ceux de Christophe Réveillard (*Sur quelques mythes de l'Europe communautaire*, éd. François-Xavier de Guibert, 1998) et de l'Anglais John Laugland, essayiste impeccablement francophone et impérissable auteur de *The Europe's Tinted Source* (« La source empoisonnée » – sous entendu, l'origine états-unienne de la construction européenne »), publié en français par les éditions François-Xavier de Guibert, en 2001, sous le titre *La Liberté des Nations*.

Les archives ont parlé, l'envers de l'histoire et la réalité de l'Union européenne sont apparues et tout y passe : les mensonges, la corruption, les mémoires apocryphes, les dollars de la CIA, les agents d'influence, les allégeances qu'on dissimule, les trahisons de politiques ou de fonctionnaires français tout dévoués, sous couvert d'Etats-Unis d'Europe, aux Etats-Unis tout court. Le récit est parfois glaçant. Mené au rythme d'une enquête haletante, il se lit comme un roman policier : Les « Pères fondateurs de l'Europe » au passé souvent trouble étaient tous inféodés aux Etats-Unis – et plus ils avaient besoin d'être blanchis, plus ils étaient serviles, tel Robert Schumann, ancien thuriféraire, pendant l'Occupation, de « l'Europe Nouvelle » ou Walter Hallstein, premier président de la Commission européenne, ancien officier nazi frappé d'indignité nationale à la *« Libération »* avant d'être « recyclé » par les services de Washington, comme le furent tant d'autres....

En fin de volume, une centaine de pages regroupant les fac-similés de tous les documents l'attestent. Organisée, contrôlée et financée par les Etats-Unis (« qui paye l'orchestre choisit la musique ! »), cette entité totalement artificielle ne leur fait pas contrepoids, mais est leur succursale et leur laboratoire principal pour le mondialisme, la globalisation, dont l'Europe est la dernière victime. La propagande, financée par des hommes d'affaires comme George Soros, est si puissante qu'on pourrait croire que cette nouvelle Union soviétique pourrait tenir mille ans. En fait, selon Philippe de Villiers, elle est déjà en soins palliatifs. À quand la libération ? ■

Patrick Pommier

Quand Édouard Balladur rejoint Le Nouveau Conservateur

Les repentirs de M. Balladur

par **Paul-Marie Coûteaux**

Proposons à nos lecteurs d'offrir un abonnement gracieux à M. Edouard Balladur qui, dans un article publié l'an dernier par *le Figaro*, mais passé un peu inaperçu, posa sur la France un diagnostic cruel : « la France est atteinte dans ses forces vitales ». Mieux, cet auguste dignitaire en impute largement la responsabilité, comme nous le faisons depuis plus de trente ans, aux « coups de force » de l'*Union européenne* – et, mieux encore, il lui oppose, enfin, la souveraineté nationale. Tel est d'ailleurs le titre de l'article : *« La France doit demeurer souveraine et le peuple français maître de son destin »*. Nous en publions ici quelques extraits, fortes phrases qui furent pendant trois décennies notre refrain, tant méprisés par à peu près toute la petite et la grande classe politique. Edouard Balladur préconise ainsi d'élargir le champ du référendum pour consulter rapidement le peuple français sur une nouvelle organisation de l'Europe : c'est exactement ce que nous demandons : et ainsi de suite…

Edouard Balladur est le plus net certes, mais pas le seul à évoquer cette souveraineté nationale que nous fûmes les premiers à introduire dans le débat français au fil des années 1990, notamment par l'intermédiaire, timidement, de Philippe Séguin, puis de Nicolas Dupont-Aignan et de Charles Pasqua, plus nettement de Philippe de Villiers (on se reportera au texte que ce dernier prononça en 2004 devant l'Institut des sciences morales et politiques qui résume magistralement ce qu'on a pu entendre par *souverainisme*). Il est piquant d'observer que ce qui était voici vingt ans encore un mot réputé incompréhensible (« ce mot ne passera pas », finit par me dire Philippe Séguin, se plaignant que j'en abusais dans les textes que je lui préparais), est désormais repris à tue-tête, y compris par quelques belles figures de la gauche repentante, tels Michel Onfray et quelques autres, sans oublier ceux qui parlent de souveraineté avec un toupet qui frôle l'imposture, tels Emmanuel Macron et ses acolytes : après avoir prétendu que ce mot était ridicule dans un monde mondialisé, ils n'ont désormais plus que lui à la bouche. Or, comment oser utiliser ce mot quand par ailleurs on jette au ruisseau les souverainetés que tout d'un coup on invoque : souveraineté agricole, souveraineté industrielle, souveraineté numérique ? Il n'est jusqu'à France Culture qui, décrivant (journal de 12 h 30 du 4 février 2024) les mouvements de jeunes Sénégalais, les qualifiait de « mouvement d'émancipation souverainiste », comme si ce mot, devenu acceptable, ne l'était pleinement que s'il était dirigé contre la France… Etrange destinée de certains mots dont l'auteur de ces lignes, qui l'emprunta dans les années 90 au mouvement québécois, ne soupçonnait pas qu'il aurait un jour tant de succès.

Notre placidité de chrétiens qui pardonnent les offenses est mise à l'épreuve ces temps-ci, tant les repentirs se multiplient. Sur l'Europe bien sûr, au sujet duquel le jeune souverainiste Edouard a les relents les plus sincères – à son actif, il faut rappeler qu'il était opposé en 1991 à la monnaie unique, préconisant (c'était à l'époque dans *Le Monde*) une monnaie commune européenne, ce qui ne l'empêcha pas de la mettre sur les rails : mais peut-être s'en veut-il également. Au chapitre des repentirs, exercice à la mode dont la liste devient longue, rappelons que Valéry Giscard d'Estaing avait lui-même qualifié, dans un entretien fameux au *Figaro Magazine*, de « grave erreur » la législation sur le regroupement familial : ou les fameux repentirs de Mitterrand sur l'impérialisme américain, que dans les derniers mois de sa vie, il osa qualifier de « vorace » (après l'avoir tant servi…), ajoutant même que les Etats-Unis menaient une guerre permanente à la France : ou ceux de l'ancien ministre Edouard Pisani, regrettant peu avant sa mort l'implacable politique qu'il mena des années durant pour imposer à la paysannerie française une agriculture intensive qui fait tant de dégâts... La liste est longue. Ces tristes sires se sont trompés sur tout, l'avouent et s'en désolent. Quant à leur victime, la France, elle en est là où nous la voyons.

Extraits de l'article d'Edouard Balladur publié dans le Figaro, le 28 juin 2023

« La création d'une Europe organisée est la grande initiative du siècle précédent. Mais, depuis trente ans, le monde a changé au détriment de l'Europe. La France a changé davantage encore et paraît atteinte dans ses forces vitales. L'Europe peut-elle contribuer à son redressement ? Rien n'est moins sûr. Des progrès ont été recherchés, mais dans un désordre qui a permis à la technostructure européenne d'accroître encore son pouvoir. (…) En 2008, le traité de Lisbonne a accentué les travers de la construction européenne. Depuis, la France a pris l'initiative de proposer un nouvel élargissement et fait des propositions regroupées sous le vocable de la souveraineté de l'Europe. Qui s'y retrouve ? Il est temps de sortir du désordre, de poser quelques principes simples.

• *Il faut sortir de l'ambiguïté, la France doit demeurer souveraine dans certains domaines essentiels. L'Union n'est pas une organisation fédérale et ne doit pas le devenir.*

• *Il est indispensable que soit rédigé, pour préciser les compétences de chacun, un code européen s'imposant à tous afin de mettre fin aux équivoques dont est coutumière la Commission européenne, tout comme, dans un autre registre, le Parlement.*

• Il importe de revoir dans un sens plus équitable, tenant mieux compte des réalités, la répartition entre les membres de l'Union des postes à la Commission, au Parlement, ainsi que les voix attribuées à chacun au sein du Conseil européen.

• Cette modification faite, il faudra veiller à ce que chacun des organes de l'Union respecte ses compétences. En tout cas, la France doit, dans les domaines diplomatique et militaire, conserver son indépendance.

• Il y a lieu de préciser également la compétence et le rôle des juges nationaux et supranationaux au regard du pouvoir politique et gouvernemental.

• Avant tout élargissement, définir clairement la construction de l'Europe en cercles à compétences et à compositions variables, en faire un principe de base.

Aussi longtemps que toutes ces conditions préalables n'auront pas été remplies, il faudra suspendre tout élargissement de l'Europe.

Dans le même temps, la France doit sortir du déclin qui la menace. La lutte contre les déficits, l'endettement, l'insécurité, pour l'amélioration de la compétitivité, du système éducatif, hospitalier, pour la régulation effective de l'immigration, demeurent des compétences nationales. Il faut assurer la supériorité de la Constitution française sur tout autre règle de droit, nationale ou internationale. Actuellement, sous couvert d'État de droit, l'Union européenne s'empare de la « compétence de sa compétence », qu'elle estime devoir définir elle-même en toute indépendance. Jusqu'à présent, les trois cours suprêmes françaises, Conseil constitutionnel, Cour de cassation et Conseil d'État, ont peu ou prou laissé faire.

Doit-on adopter le principe selon lequel le peuple est le seul titulaire d'une souveraineté suprême, dont la volonté, exprimée dans la Constitution adoptée par référendum, l'emporte sur toutes les normes nationales, européennes ou internationales ? Oui. Pour redonner aux Français confiance dans leur avenir au sein d'une Europe qui respecte leurs intérêts fondamentaux, ils devraient être appelés à approuver par référendum une politique européenne rénovée.

Mais ce serait, déclare-t-on, contraire à la Constitution, en raison du champ limité du référendum. C'est exact. Aussi faudrait-il au préalable modifier la Constitution pour étendre le champ du référendum. Dans un deuxième temps, l'organisation nouvelle de l'Europe pourrait à son tour être soumise à l'approbation du peuple français. Ainsi serait-elle aussi démocratique qu'il est souhaitable. Tout ceci serait-il trop dangereux pour la sérénité de notre vie publique ? Citons De Gaulle, qui lançait dès le 1er octobre 1948 : « Je crois qu'en France la meilleure Cour suprême, c'est le peuple. » Si la France se résignait, qui déciderait à sa place lorsque ses intérêts essentiels, sa vie même seraient en jeu ? Il est inconcevable que la France s'en remette à quiconque d'autre qu'à elle-même. Il n'y a pas d'alternative. Si la France veut survivre, l'Europe doit être réorganisée et la France doit demeurer responsable de son propre destin. Ce sera long, difficile, il faut commencer sans tarder. » ■

L'Europe à tous les vents

Comment la révolte agricole a changé le débat public

par **Louis Anders**

Parce qu'ils n'ont pas cessé de révéler dans les médias, tout au long de l'hiver, les conséquences du démantèlement des frontières économiques et des accords de libre-échange, les paysans ont bouleversé le débat public : pour un très grand nombre de nos concitoyens les absurdité du libre-échange sont apparus d'un coup.

En quelques semaines, la révolte paysanne aura changé la nature des débats : pour la première fois, les effets du démantèlement des frontières économiques sont devenus un sujet majeur dans les médias. La question des traités dits de libre-échange a été systématiquement amenée sur la table par les agriculteurs lors de leurs interviews, plaçant la problématique au premier rang des préoccupations. On apprenait ainsi que les importations de sucre ukrainien dans l'Union européenne étaient passées de 20 000 tonnes à 400 000 tonnes en l'espace d'une année, que les importations de blé avaient plus que triplé et fait s'effondrer les cours, tandis que les poulets d'une entreprise ukrainienne cotée à la Bourse de Londres concurrençaient désormais la production domestique. La raison ? Une décision de la Commission européenne supprimant la quasi intégralité des droits de douane avec le pays après l'invasion russe, afin de préparer son entrée dans le marché unique.

La fin soudaine des barrières douanières avec l'Ukraine n'est pas le seul événement mis en cause par les professionnels du secteur. Sur les chaines de télévision ou de radio, plusieurs représentants syndicaux ont également dénoncé une concurrence déséquilibrée à l'intérieur même de l'UE des 27. Mais les paysans ont surtout pointé du doigt la *« mise en concurrence anarchique »* avec des pays aux coûts salariaux beaucoup plus bas ou aux normes environnementales beaucoup plus souples, avec lesquels la Commission européenne a lancé des traités dits de libre-échange, comme le Kenya ou la Nouvelle-Zélande récemment.

La globalisation quoi qu'il en coûte

En cet hiver 2024, la colère agricole s'est étendue aux quatre coins de l'Union européenne : l'Allemagne, la Pologne, l'Espagne, les Pays-Bas, la Lettonie, le Portugal ou encore l'Italie connaissent des blocages et des

Les actions des agriculteurs en colère se sont succédé : une mobilisation spectaculaire et soutenue par le public.

manifestations dans ou à l'approche de leur capitale. Ce mouvement général traduit un malaise profond avec des paysans pris en étau entre des normes toujours plus contraignantes et des contrôles administratifs massifs, à la suite notamment des législations environnementales du *Pacte Vert* décidé par Bruxelles en 2021, et une « concurrence déloyale » sans cesse décriée. Symbolique à cet égard sont les barrages et contrôles de marchandises qui ont été menés aux frontières de plusieurs pays : entre la Pologne et l'Ukraine, entre la France et l'Espagne et même entre la France et la Belgique.

Les alertes émises par le monde agricole ne sont pas nouvelles, mais la planification de la mondialisation semble dépasser les contingences locales. L'accord commercial avec le Kenya, signé le 18 décembre dernier, fait ainsi suite à d'autres traités négociés par la Commission européenne ces quinze dernières années : avec le Canada, les Etats-Unis (ce dernier toujours bloqué), le Maroc ou encore l'union sud-américaine Mercosur. Longtemps soumis à un vote unanime au Conseil européen et à l'approbation des Parlements nationaux, les traités dits de libre-échange, pour lesquels la Commission européenne a une compétence exclusive de négociation, doivent désormais être approuvés par le Conseil à la majorité qualifiée, puis ratifié par le seul Parlement européen, laissant les institutions nationales hors du jeu.

Ces traités sont censés prendre le relais du cycle de suppression des frontières économiques engagé par les discussions de l'Uruguay Round (1986-1994), qui prévoyait, sur le plan agricole, d'effacer progressivement les politiques nationales au profit d'un système d'échange basé sur les marchés financiers. De fait, la fixation du prix de nombreuses matières premières agricoles est aujourd'hui largement assurée par la Bourse de Chicago et quelques places secondaires. L'Uruguay Round a débouché en 1995 sur la création de l'Organisation mondiale du commerce, instance contraignante adoubée par la Communauté européenne, qui lui imposait d'emblée d'amputer ses aides à l'exportation de 21% tout en augmentant les quotas d'importation des denrées alimentaires issues des pays en développement.

Quand le Sénat alertait sur « une crise majeure »

« La ferme France décroche ». C'était le titre d'un rapport de la Commission des affaires économiques du Sénat rendu en septembre 2022*. Le constat dressé était sans appel. D'une part, le démantèlement accéléré des frontières économiques sous l'égide de la Commission européenne et de l'Organisation mondiale du commerce a provoqué une envolée des importations : celles-ci ont doublé depuis l'an 2000. D'autre part, les fermes françaises n'ont pu compenser cette perte de marché intérieur par des ventes plus élevées à l'étranger. Ainsi, la France n'est plus que cinquième exportateur au niveau mondial après avoir longtemps occupé la deuxième place derrière les Etats-Unis et le recul est plus important encore si l'on exclut le très spécifique marché des vins et spiritueux.

« Une faible défense par l'Etat dans les accords de libre-échange »

Selon les sénateurs, les causes de cette dégradation sont multiples, mais ils pointaient d'abord du doigt la « mise sous tension par une plus grande concurrence internationale ». Le modèle familial des petites fermes – très prisé dans le pays – est éloigné des pratiques de plusieurs concurrents au sein de l'Union européenne ; ainsi de l'Allemagne qui se convertit aux exploitations très intensives. En outre, le secteur agricole français pâtit d'une « faible défense par l'Etat dans les accords de libre-échange », qu'il s'agisse des barrières tarifaires ou des normes environnementales et sanitaires. A cela s'ajoutent des coûts de main d'œuvre élevés, une fiscalité trop lourde, des investissements de productivité insuffisants ou encore un climat médiatique « qui vitupère un modèle agricole pourtant le plus vertueux du monde ». Pour compenser ces pertes de marché intérieur et extérieur, l'Etat préconise depuis la fin des années 1990 d'investir des créneaux de niche en opérant une montée en gamme des produits vendus. Cette stratégie, mise en application par la majorité macroniste depuis 2018 (loi Egalim, etc.), a finalement provoqué une nouvelle hausse des charges pour les producteurs, affirme le rapport. De plus, elle est mise en échec par le retour de l'inflation, qui compresse le pouvoir d'achat des ménages. Enfin, la concurrence étrangère à bas coût peut également investir certains marchés de niche. Le rapport met en exergue le cas des producteurs nationaux de tomates, qui avaient délaissé le marché de la sauce pour échapper à la concurrence marocaine (production divisée par quatre entre 1997 et 2007) et s'étaient spécialisés dans celui des tomates cerise. Las, les importations de tomates cerise marocaines sont passées de 300 tonnes en 1995 à 70 000 tonnes aujourd'hui.

Compression des marges

Si la France produit encore de la nourriture sur l'ensemble de la filière agricole et demeure puissante dans certains secteurs, c'est notamment en raison des sacrifices consentis par ses paysans sur leurs marges financières. Nombre d'exploitants travaillent plus de 60 heures par semaine tout en ne se servant qu'un salaire équivalant au SMIC. Mais cette compression des marges est en train de trouver ses limites. La flambée des prix du gaz et de l'électricité depuis deux ans ou celle des céréales destinées à nourrir les animaux ont déjà provoqué des faillites. Les rapporteurs sont clairs : l'érosion du potentiel productif débuté dans les années 1990 fait courir le risque d'une « crise majeure en matière de souveraineté alimentaire ».

---

*https://www.senat.fr/rap/r21-905/r21-905.html

L'Europe aux anciens parapets

La Suisse, antidote aux menteries de l'UE

Par **Valentin Gaure**

Tandis que la France paraît ligotée dans de multiples servitudes, de l'UE à l'Otan en passant par le gouvernement des juges et autres féodalités omnipotentes, sans oublier une bureaucratie toujours plus inepte, notre voisine de l'autre côté des Alpes prouve à qui veut l'entendre que le vieux principe démocratique est encore praticable. La Suisse constitue pour la France un exemple autant qu'un modèle. Elle en offre la preuve : il n'y a pas de fatalité à la vassalité.

Valéry Giscard d'Estaing en était convaincu. « La France représente 1 % de la population mondiale », avait-il professé à la télévision le soir même de son élection. Là où le général De Gaulle et Georges Pompidou invoquaient la « grandeur », le génie de Chamalières tenait à rabâcher que le pays qu'il présidait n'était plus guère qu'une « puissance moyenne » qu'il fallait, avait-il dit à son éminence grise d'alors, Michel Pinton, « normaliser » (voir *Le Nouveau Conservateur* n° 2). « En prison pour médiocrité », aurait répondu Montherlant.

La France trop petite ? Et la Suisse alors ?

Les européistes n'eurent longtemps que deux arguments. Le premier était imparable : « L'Europe, c'est la paix ». Après avoir beaucoup servi, cet argument disparut en 1999 quand les forces de l'OTAN bombardèrent la capitale serbe pendant trois semaines, puis définitivement avec l'affaire ukrainienne. Le second argument est toujours très usité : « La France est trop petite pour peser dans les affaires du monde ». Comment donc notre nation, qui ne compte que 67 millions d'habitants, pourrait-elle rivaliser face aux mastodontes chinois, indien ou étatsunien ? La France n'aurait donc pas le choix. La nation de Clovis, Jeanne d'Arc, Louis XIV et De Gaulle, se devrait de fusionner avec les Etats des alentours afin d'espérer survivre.

Pourtant, nous avons sous nos yeux un contre-modèle dont le succès dit tout l'inverse. Recluse entre ses montagnes, la Suisse mène sa barque dans le concert des nations, souveraine et désireuse de le rester. Bien que peuplée seulement de neuf millions d'habitants, cette force tranquille tient tête aux grandes puissances qui tentent sans cesse de la circonvenir ou de l'avilir. D'un ton poli et sans jamais élever la voix, elle dit « non » à l'Otan, à l'UE, à l'Euro - et s'en félicite chaque jour davantage.

La souveraineté populaire empêche la trahison des élites

En 2021, lorsque Guy Parmelin, président de la Confédération et viticulteur vaudois de profession, se rend à Bruxelles, il explique à Mme Von der Leyen que son pays ne compte pas ratifier l'accord-cadre qui devait lier Berne à Bruxelles. Trois points déplaisent à la Confédération : la protection des salaires, les aides d'État et la directive sur la citoyenneté européenne qui élargit l'accès aux prestations sociales. Le projet est ainsi purement et simplement abandonné.

Or, si la Suisse est la seule nation continentale à n'avoir pas adhéré à l'UE, c'est tout simplement par ce qu'elle est beaucoup plus démocratique que les autres... Guy Parmelin appartient à l'aile « souverainiste » de la politique suisse (il est membre de l'UDC, l'*Union du Centre*), la situation ne risque pas d'être bousculée par l'arrivée au pouvoir d'un autre responsable politique plus apte à la trahison. D'abord parce qu'en Suisse l'organisation gouvernementale est collégiale et horizontale. Ensuite parce que la démocratie y est véritable et directe. Le Souverain (c'est-à-dire le peuple) peut réagir à tout moment et organiser les fameuses « votations ». Là-bas, un politicien du genre Emmanuel Macron ne pourrait donc pas contourner le peuple : *Vox populi vox Dei* - La voix du peuple et celle de dieu.

« Repousser les assaillants : c'est le premier principe national »

Entretien avec **Dominique Motte,**
essayiste, auteur de *De la Démocratie en Suisse*

Les médias de grand chemin jettent le plus souvent un voile pudique sur le modèle politique suisse, sans doute parce qu'il incarne une voie de sortie possible et praticable que la France pourrait emprunter pour retrouver sa souveraineté. Ce modèle, souvent réduit à quelques clichés, est rarement étudié en détail. Afin de combler cette lacune, Le Nouveau Conservateur a rencontré Dominique Motte, citoyen suisse décidément suisse, au caractère décidément bien trempé, observateur à la fois pointilleux et plein d'audace tel qu'il se révèle dans son ouvrage De la démocratie en Suisse (éd. La Route de la Soie) ; l'ouvrage, fort consistant, décrypte le modèle politique helvète sous la forme d'un dictionnaire amoureux. On y retrouve de multiples entrées que le lecteur dégustera à l'envi, de « jeux d'agent » à « énergie » en

passant par « Heidi », « chemins de fer » et « secret bancaire ». La Suisse est un monde à elle seule : arpentons-le avec le plus farouche de ses défenseurs que nous avons rencontré lors d'un de ses séjours à Paris.

Quelle est l'origine historique du système démocratique et souverain de la Suisse ?

Il faut remonter à 1291. Quatre cantons catholiques du centre de la Suisse actuelle sont entourés par les empires européens. Ils sont donc constamment menacés. Nous autres Suisses avons pris l'habitude de repousser les assaillants, ce qui est le premier principe national. Ainsi, les quatre cantons se coalisent et leurs dirigeants se réunissent en cachette dans la plaine du Grütli. C'est la création de la Suisse. Ces petits cantons agrègent autour d'eux de nouveaux territoires et de là, nous parvenons en 1515 à la terrible défaite de Marignan. Conscients d'avoir été battus à plate couture par François Ier, nous demandons alors la paix à la France. Depuis ce jour, nous n'avons plus jamais guerroyé avec qui que ce soit…

Poursuivons à bride abattue jusqu'en 1847. Une « guerre civile » oppose alors cantons catholiques et protestants. Surgit un Français, résidant à Genève, Guillaume Henri Dufour. Celui-ci décide d'envoyer des émissaires dans le canton rival de Fribourg et règle la situation par la diplomatie et la négociation. La guerre dure trois semaines, provoque 300 morts. Les cantons catholiques se rendent et proposent l'élaboration d'une Constitution reposant notamment sur la création d'une chambre haute, le Conseil des États, qui fait face au Conseil National, la chambre basse. Ces deux assemblées ont les mêmes droits et les mêmes compétences ; c'est le bicamérisme parfait – point important, car il s'agit du socle de toute démocratie. L'année suivante, en 1848, nous devenons la Confédération. Ce modèle existe toujours aujourd'hui et n'a varié qu'aux marges.

Si la Suisse est la seule nation continentale à n'avoir pas adhéré à l'UE, c'est tout simplement par ce qu'elle est beaucoup plus démocratique que les autres

Quid des fameuses « votations » ? Comment s'organise ce système de démocratie directe ?

De 1291 à 1848, les Suisses votèrent toujours en place publique, à main levée, à l'occasion des Landsgemeinde. Cette pratique perdure encore à certains niveaux de décision, surtout pour les communes qui constituent l'échelon de base de l'architecture de la Suisse. N'oublions pas que le principe de subsidiarité s'y applique en toute matière. Le principe du « 50,1 % » est gravé dans le marbre à compter de 1848. Notons que si le Conseil Fédéral (équivalent du Gouvernement, ndlr) veut changer la Constitution ou adopter des traités internationaux, il doit impérativement avoir recours au référendum – c'est d'ailleurs cela qui prémunit la Suisse d'une entrée dans l'UE ou l'Otan.

On évoque souvent la neutralité comme principe de base de la politique étrangère suisse. Quel est le sens exact de cette stratégie multiséculaire ?

La neutralité suisse est une « neutralité armée ». Elle repose sur une armée de conscription, avec un service militaire fixé au minimum à quatre mois. Notons qu'il n'y a pas de généraux dans l'armée suisse. Et que nous sommes la seule nation du globe capable de protéger la quasi-totalité de sa population dans des abris anti-nucléaires. Ainsi, serons-nous les derniers survivants en cas d'apocalypse atomique… Par ailleurs, nous refusons toute projection de troupes en dehors de notre territoire.

Vous avez également publié un essai Démocratie et si tout était encore possible ? (éd. La Route de la Soie) où vous expliquez que la France n'a rien d'une véritable démocratie.

Tout d'abord, il est certain qu'une institution comme le Sénat français n'a rien à voir avec la Chambre des États. Son pouvoir est considérablement limité et cela contrevient au principe de subsidiarité, socle de la démocratie. Ensuite, il apparaît que les référendums sont régulièrement bafoués en France, celui de 2005 constituant l'exemple le plus terrible. C'est impossible en Suisse. Le Souverain, c'est-à-dire le peuple, est au-dessus des Chambres, au-dessus du président. Dès lors que le Souverain s'est exprimé, aucun recours n'est possible. Enfin, nous n'avons ni Conseil constitutionnel, ni Conseil d'État, ni Cour des Comptes, ni Cour de Justice de la République, ni Caisse des Dépôts, ni Arcom, ni ENA, ni Conseil économique et social, ni Haut-Commissariat au Plan, ni Convention citoyenne sur le Climat… Et nous nous passons fort bien de tous ces aréopages !

« Pouvez-vous me citer le nom d'un homme politique suisse ? Non. Voilà pourquoi ce pays réussit » - Charles Gave

Comment la Suisse parvient-elle à faire face aux attaques des euro-atlantistes ? On pense aux assauts de la Commission européenne, qui rêve depuis longtemps de vous intégrer dans l'UE, comme aux manigances de Washington pour exiger la fin du secret bancaire…

Il existe bel et bien un modèle suisse. Je dois dire qu'il est fort dommage de constater que celui-ci ne séduit personne, puisque, jusqu'ici, aucun pays européen n'a songé à nous imiter ! Toutefois, notre système dérange, en particulier au sein des élites. Napoléon, déjà, voulait nous avilir, transformer nos cantons en départements et mettre des préfets à tous les étages… Il rentra bredouille à Paris. C'est le syndrome Guillaume Tell. Pour un Suisse, il est hors de question de se courber devant le représentant d'une puissance extérieure… Nous n'obéissons pas.

Toutefois, nous devons faire face aux pressions du PSS (parti socialiste suisse) qui veut à tout prix que nous entrions dans l'UE. Heureusement, le Souverain s'y opposera sans doute toujours. Il faut ajouter que la fin du secret bancaire, ordonnée par Sarkozy et l'OCDE sur pression américaine, ne fut finalement pas si dommageable : le secret bancaire continue de s'appliquer aux citoyens suisses.

Les 10 principes de la Démocratie Directe, selon Dominique Motte

1 - Comme souverain, je réalise que seul est libre celui qui use de sa liberté.

2 - Je m'engage à avoir peur à tout moment du pouvoir concentré et je comprends qu'il faut éviter à tout prix les grandes inflexions politiques.

3 - Je m'engage à avoir pour objectif recherché de vivre ensemble nos diversités dans l'équité et le respect de l'autre.

4 - Je prends conscience que la force de la communauté se mesure au bien-être du plus faible de ses membres et que c'est dans la commune que réside la force des peuples.

5 - J'acte que le consensus est de règle aboutissant à un compromis et donc à la collégialité.

6 - J'acte de considérer le 50,1 % comme indiscutable.

7 - Je reconnais qu'il faut attribuer 1 voix = 1 citoyen tant pour les élections à la proportionnelle intégrale que pour les référendums.

8 - Je prends conscience qu'en tant que souverain, j'ai le droit à l'initiative populaire et le droit au référendum facultatif tant pour une révision de la constitution que pour les lois et traités.

9 - Je réalise que la subsidiarité du bas vers le haut est le fondement même de la démocratie.

10 - Je découvre qu'il est moins humiliant d'obéir à un pouvoir qui se présente comme émanant de tous les citoyens que de subir la contrainte d'une force directe extérieure.

Dorothée de Lieven (1785-1857), l'égérie russe du concert européen

par **Marc Hostier**

Les éditions Michel de Maule ont fait paraître cet hiver, sous la plume de Christophe Juban, une remarquable biographie de Dorothée de Lieven, princesse de haut vol qui, pour avoir connu à peu près tout ce que l'Europe comptait de princes et, surtout, avoir cultivé au plus haut degré la double passion de l'Europe et de la diplomatie, devint au début du XIXe siècle une sorte de chef d'orchestre de ce qu'on appelait alors, d'un vocable qui nous ravit, le « concert européen ». Notre ami Marc Hostier, éditeur à ses heures perdues (il y en a peu, ce sémillant personnage déployant ses talents en maint domaine, toujours au service du renom de la culture française), montre ici ce que fut et pourrait être une Grande Europe, incluant la Russie, fondée sur la coopération entre ses peuples et, pour commencer, l'entente entre ses véritable élites - celles qui sont vouées à sa grandeur, et non à sa « dé-construction »...

Née Dorothea von Bekendorf à Riga en 1785 (sa famille est germano-balte), morte à Paris en 1857, Dorothée de Lieven suit son mari, le prince de Lieven, nommé ambassadeur à Berlin en 1810, puis à Londres en 1812, quand, en guerre contre Napoléon, le tzar Alexandre Ier décide de rétablir les relations diplomatiques avec la Grande-Bretagne. Les Lieven resteront à Londres jusqu'en 1834. Grande, mince, d'une extrême élégance et d'une distinction incomparable, parlant quatre langues à la perfection, pianiste de grand talent, elle ouvre un salon et devient rapidement l'une des figures les plus importantes de la capitale anglaise. Courtisée par le prince de Galles, prince-régent et futur George IV, elle est en relation avec les principales personnalités politiques anglaises de l'époque (Castlereagh, le duc de Wellington, Canning, Lord Aberdeen, Lord Grey parmi tant d'autres). Qu'ils soient *tories* (conservateurs) ou *whigs* (libéraux), tous viennent converser avec elle à l'ambassade de Russie à Londres. Elle met son intelligence, sa vivacité d'esprit, sa compréhension des situations et des hommes au service de son unique passion : la diplomatie.

Servir l'indépendance de la Grèce, dénouer le conflit belge...

En 1818, les principales puissances européennes (Russie, Grande-Bretagne, France, Autriche, Prusse) se retrouvent à Aix-la-Chapelle. C'est la première fois dans son histoire que l'Europe se réunit en temps de paix. Dorothée de Lieven fait alors la connaissance de l'autrichien Metternich, sans

Portrait de la princesse de Lieven par George Henry Harlow. Son long cou valut à la jeune femme le surnom de « cygne ».

doute le diplomate le plus influent de cette époque et l'un des théoriciens du « concert européen », qui assura à l'Europe plusieurs décennies de paix par l'équilibre entre ses principales nations -sans chercher à les défaire, comme on le tentera plus tard. Ils deviennent amants et entament une correspondance qui se poursuivra jusqu'à leur séparation en 1826. Cruauté des amours entre diplomates et aléas des affaires internationales se mêlant aux incertitudes du cœur, la relation entre Dorothée de Lieven et Metternich se brisera sur la question de l'indépendance de la Grèce. En 1825, depuis Londres, Dorothée traverse en plusieurs semaines l'Europe pour se rendre à Saint-Pétersbourg ou elle convainc le Tsar Alexandre 1er de rompre avec Metternich et l'Autriche sur la question d'Orient pour se rapprocher de l'Angleterre. Comme le souligne l'historien britannique Harold Temperley, « Cette femme d'une intelligence remarquable, avait réussi un coup diplomatique avec un art tout féminin, certainement un des plus remarquables exemples de diplomatie non officielle ». *Ce coup* permettra à la Grèce de s'échapper du joug ottoman et de devenir indépendante en 1830.

Cette même année éclate la crise de l'indépendance de la Belgique qui aurait pu dégénérer en guerre européenne sans l'habileté de diplomates de talents comme Talleyrand ou Palmerston. Là encore, son intimité avec le Premier ministre Lord Grey fait jouer à Dorothée de Lieven un rôle primordial pour rapprocher les cours de Londres et de Saint-Pétersbourg.

Son salon à Paris devient l'« observatoire de l'Europe »

Après un refroidissement des relations entre la Russie et l'Angleterre qui s'inquiète des ambitions de Saint-Pétersbourg dans l'Empire ottoman et en Perse, les Lieven doivent quitter Londres en 1834 après plus de vingt années passées en Angleterre. Ils s'installent à Saint-Pétersbourg où Dorothée, qui devient dame d'honneur de l'impératrice, ambitionne de rendre à la cour l'éclat qu'elle avait à l'époque de Catherine II, en y attirant des écrivains et des intellectuels européens. Elle continue de correspondre avec les hommes politiques anglais comme Lord Grey, Peel et Lord Aberdeen, qui devient l'homme fort de la diplomatie britannique pour le parti *tory*. Mais la perte successive de deux de ses enfants la conduit à fuir la capitale de l'Empire russe devenue symbole de ses malheurs. En 1835, La princesse de Lieven s'installe en France, pays qui, comme l'Angleterre, est une monarchie parlementaire. C'est sous ce régime, où la vie quotidienne est rythmée par les débats au Parlement et la lecture des journaux, que sa passion de la politique va s'épanouir. Elle y rencontre les personnalités politiques de la monarchie de Juillet, Molé, Thiers, ou Guizot… Elle ouvre un salon qui, selon le mot de Thiers, est *L'observatoire de l'Europe*, et devient la maîtresse de Guizot, qui sera bientôt l'homme fort du gouvernement de Louis-Philippe. Leur relation durera vingt-ans.

Ambassadeur de France à Londres en 1839, puis ministre des Affaires étrangères de 1840 à 1848, Guizot, qui avait été auparavant ministre de l'Instruction publique, est initié à la diplomatie par la princesse de Lieven. Elle lui fait connaitre tous les politiques qui comptent en Angleterre. En 1841, Lord Aberdeen devient ministre des Affaires étrangères de la jeune reine Victoria. Maîtresse de l'homme fort du gouvernement français et complice du chef de la diplomatie britannique, Dorothée de Lieven, cette amoureuse de la paix, comme elle se définit elle-même, s'attache à rapprocher la France et l'Angleterre. De 1841 à 1848, Guizot et Aberdeen donnent naissance à la première « entente cordiale ».

Quand le mot diplomatie avait un sens

L'ascendant qu'exerça la princesse de Lieven a pu parfois déranger, comme l'écrit Christophe Juban : « Par sa relation avec Metternich, elle était jugée trop autrichienne, par sa complicité avec le Premier ministre Lord Grey, trop anglaise, par son intimité avec Guizot, trop française et par sa naissance et son éducation elle sera toujours trop russe. Elle n'entrait dans aucune case, n'appartenait à aucun clan…Peut-être était-elle tout simplement trop européenne, trop tôt ? ».

Qui se plonge aujourd'hui, à l'heure du conflit ukrainien, dans l'histoire du Concert européen, ne manque pas d'être saisi par un profond sentiment de nostalgie. La Russie était alors un élément essentiel de l'équilibre européen. Quand on voit la façon avec laquelle les négociations concernant les accords de Minsk ont été menées et qu'on la compare avec la manière avec laquelle des diplomates chevronnés comme Talleyrand, Palmerston, Metternich ont résolu de nombreuses crises, on ne peut s'empêcher de penser que le mot *diplomatie* semble avoir disparu du vocabulaire de nos élites. Songeons par exemple à la façon dont les diplomates européens surent mettre en place une conférence des ambassadeurs, réunis dix-huit mois à Londres autour du représentant russe et de sa femme Dorothée de Lieven, pour trouver une solution à l'une des plus complexes crise du XIXe siècle, la question belge, en établissant solidement sa neutralité (ce qu'il faudrait à l'Ukraine), on se dit que l'Europe devrait commencer par réaliser ce pourquoi elle a été créée : l'établissement de la paix sur le continent. Et comment ne pas rêver ? Une conférence ad hoc qui eût « enfermé dans un palais » les meilleurs diplomates français, anglais, allemands et russes pendant plusieurs mois serait sans doute parvenue à un accord intégrant la Russie dans un système de sécurité en Europe…

On ne peut s'empêcher de penser que le mot diplomatie semble avoir disparu du vocabulaire de nos élites.

Benoît XVI : plaidoyer pour l'Europe véritable

Extraits de ***Discours fondateurs*** *(1960-2004), Cardinal Ratzinger* - Fayard

« Ce n'est que dans le cas où le concept d'Europe représente une synthèse de la réalité politique des nations et d'un idéalisme éthique qu'il peut devenir une force déterminante pour l'avenir. »
Cardinal Ratzinger

Il y a 45 ans, les 28 et 29 avril 1979, l'Académie catholique de Bavière organisait un colloque international de grande envergure consacré à l'avenir de l'Europe. Le cardinal Joseph Ratzinger, alors archevêque de Munich, y intervint pour donner sa propre définition de l'Europe, qu'il considérait bien au-delà d'une offre politique ou d'une idéologie, et bien entendu d'un « marché commun », comme on disait à l'époque. Le futur Benoît XVI (qui choisit le nom de Benoît en ce qu'il est « saint patron de l'Europe ») esquissait là les piliers du discours magistral qu'il prononça trente ans plus tard à Ratisbonne : pour lui, L'Europe doit renouer avec ses racines grecques afin de réunir ce que son prédécesseur Jean-Paul II avait appelé ses « deux poumons », le monde latin et le monde orthodoxe - remarquons au passage que la conception des deux grands papes Jean-Paul et Benoît exclut le monde protestant, aussi dénommé « anglo-saxon ». En somme, Benoît XVI livre ici un plaidoyer pour l'Europe véritable, qui s'étend de l'Atlantique à l'Oural, voire « de Lisbonne à Vladivostok », en tous les cas de Saint-Basile-le-Bienheureux à Notre-Dame de Paris - en passant par le Parthénon et Rome. Nous avons choisi de publier ici dix extraits d'une conférence peu connue, rarement évoquée par l'exégèse romaine, mais qui, à notre sens, revêt aujourd'hui une immense portée - remercions notre ami Basile Fanier de l'avoir exhumée, et de nous l'avoir judicieusement transmise.

« Le droit rationnel européen, après s'être séparé totalement de ses bases religieuses, menace de se transformer en une domination de facto de l'anarchie. »

1. « Le passage du terme « Europe » du langage savant au langage populaire, au commencement de l'ère moderne, n'est pas seulement une conséquence de l'influence sur le peuple de la pensée humaniste classique inspirée par l'Antiquité ; on doit aussi y voir une réaction à la menace turque.

L'Europe expérimente plus clairement son identité quand elle affronte ce qui représente son contraire. »

« Un discours méconnu, mais d'une immense portée. »

2. « Depuis la fin de l'Antiquité jusqu'au début de l'époque moderne, l'islam s'est toujours montré le véritable rival de l'Europe. Cette opposition dont la signification n'est pas uniquement géographique, entre l'Europe et l'Asie, entre *Erebos* (soir) et *Oriens*, était déjà manifeste chez Hécatée de Milet au VIe siècle avant JC, et continue à se vérifier sous la forme de ce nouvel antagonisme. Dès sa naissance, l'islam représentait, dans un certain sens, un retour à un monothéisme qui n'avait pas assimilé le bouleversement chrétien du Dieu devenu homme, et se fermait de la même manière à la rationalité et à la culture grecques qui, à travers la réflexion sur l'Incarnation divine, était devenue partie intégrante du monothéisme chrétien. »

3. « Il faut mentionner la crise dans laquelle est tombé le droit rationnel européen, lequel, après s'être séparé totalement de ses bases religieuses, menace de se transformer en une domination de facto de l'anarchie. »

4. « A un niveau différent, mais qui lui est structurellement apparenté sous plus d'un aspect, nous trouvons une forme encore plus cruelle et effrayante de retour en arrière en deçà du christianisme : celui que l'Allemagne a vécu et manifesté au reste de l'humanité pendant la première moitié de ce siècle. Le national-socialisme représentait en effet un refus du christianisme, alliage de la « belle sauvagerie » germanique et d'un désir de retourner, au-delà de « l'aliénation » judéo-chrétienne, à cette *sauvagerie* célébrée comme la véritable culture. »

« Quant à la société moderne de consommation, son Dieu est le ventre. »

5. « Quant à la société moderne de consommation, son Dieu est le ventre. Or, dans une société où Dieu ne peut plus être le *summum bonum* commun, mais où Il est exilé dans le domaine privé, le *status* de Dieu change même pour l'individu. Je qualifierais de *post-européenne* une société dans laquelle le mouvement que je viens de décrire se serait totalement accompli. En elle, on aurait abandonné ce qui a constitué l'Europe en tant que réalité spirituelle. En ce sens, les sociétés occidentales actuelles me paraissent être déjà en grande partie des société *post-européennes.* »

6. « L'Europe semble donc être constituée tout d'abord par l'esprit de la Grèce. Si elle oubliait son héritage grec, elle ne pourrait plus être l'Europe. Bien que le mythe d'Europe nous renvoie au domaine des religions chthoniennes ou liées à la sphère religieuse minoenne, la formation de l'Europe se base sur le dépassement de la religion chthonienne grâce à la figure apollinienne. Il est difficile d'expliquer en détail tout ce qu'implique la Grèce comme héritage et comme responsabilité. Je considère comme l'élément central ce que Helmut Kuhn a appelé la différence socratique, la différence entre le bien et les biens, qui implique un droit de la conscience ainsi qu'un rapport mutuel entre *ratio* et *religio*. On peut définir également l'héritage de la Grèce selon une autre perspective, pour nous plus concrète. La Grèce a découvert la démocratie et c'est une découverte toujours plus actuelle, bien qu'il existe des différences entre elle et ce que l'on comprend aujourd'hui par ce terme. La démocratie élaborée par Platon est certainement liée à « l'eunomie », à la validité du droit juste, et ne peut demeurer démocratie qu'au sein d'une telle relation. La démocratie n'est donc jamais uniquement une domination de la majorité. »

« De la fin de l'Antiquité jusqu'au début de l'époque moderne, l'Islam se révéla le véritable antagoniste de l'Europe. L'opposition entre Europe et Asie, entre Erebos et Oriens, se trouve déjà chez Hécatée de Milet au VIe siècle avant l'ère chrétienne ; elle n'est pas uniquement d'ordre géographique (…). L'Islam est un retour en arrière vers un monothéisme qui rejette le rationalisme grec et sa culture. »

7. « On entrevoit la deuxième stratification de la notion d'Europe dans l'épisode bien connu des Actes 16, 6-10. Dans cette narration particulièrement étrange et dramatique, l'Esprit de Jésus interdit à saint Paul de poursuivre son voyage missionnaire à l'intérieur de l'Asie. Un Macédonien lui apparaît dans une vision nocturne et lui dit : « Passe en Macédoine, viens à notre secours ! » Le texte continue : « Aussitôt après cette vision, nous cherchâmes à partir pour la Macédoine, persuadés que Dieu nous appelait à y porter la Bonne Nouvelle. »

8. « Le christianisme est donc la synthèse œuvrée en Jésus-Christ de la foi d'Israël et de l'esprit grec. Wilhelm Kamlah l'a démontré d'une manière impressionnante. C'est sur cette synthèse que se fonde l'Europe. La tentative de la Renaissance de distiller la réalité grecque en enlevant la composante chrétienne, et de la rétablir dans sa « pureté originelle » a aussi peu de sens que la tentative plus récente d'établir un christianisme déshellénisé. »

« L'idéal de l'époque moderne semble être à tort cette raison rendue totalement autonome, qui ne connaît plus qu'elle, ainsi devenue aveugle et qui, par la destruction de ses fondements, s'est rendue elle-même inhumaine. »

9. « Il ne pourra y avoir d'Europe si celle-ci se débarrasse de l'héritage grec, de l'héritage latin, et de l'héritage de l'Occident chrétien dans le sens que nous venons de décrire. Si tel était le cas, on ne pourrait plus parler d'Europe, car on aurait consommé sa disparition. »

10. « L'ambiguïté de la modernité tient au fait qu'elle a de plus en plus méconnu les racines et le fondement vital de l'idée de liberté. Elle a poussé la raison à une émancipation qui s'oppose intrinsèquement à la nature même de la raison humaine en tant que raison non divine, et qui devait donc finir par être elle-même irrationnelle. Enfin, l'idéal par excellence de l'époque moderne semble être à tort cette raison rendue totalement autonome, qui ne connaît plus qu'elle, ainsi devenue aveugle, et qui, par la destruction de ses fondements, s'est rendue elle-même inhumaine et hostile à la création. Bien que cette forme d'autonomie de la raison constitue, il est vrai, un produit de l'esprit européen, il faut également la considérer comme posteuropéenne, et même anti-européenne. » ■

Politique intérieure & souveraineté

« A chaque époque humaine, on a toujours vu un monsieur assis dans un coin qui soignait son écriture ».
Paul Valéry

La France survit dans une si profonde déréliction que la plupart des esprits contemporains sont éteints ! *Le Nouveau Conservateur* s'emploie à lutter contre ce processus mortel. C'est dans ce paysage que s'inscrivent les réflexions qui suivent d'acteurs aussi différents que le général Jean-Bernard Pinatel, l'ancien député UMP Christian Vanneste, ou le sénateur *Reconquête !* Stéphane Ravier.

Alors que M. Macron hystérise la tension internationale, mettant en scène à son profit une « atmosphère de guerre », nous avons rencontré le Général Jean-Bernard Pinatel, un de nos officiers supérieurs les plus aguerris et énergiques, qui affirme sans barguigner que « nos dirigeants ne défendent pas les intérêts de leur pays ». C'est l'occasion de rendre compte de ses Mémoires publiées sous un titre qui le résume bien, *L'Esprit Guerrier* (éd. Balland, 2023), et de rappeler que le vice-président de Géopragma et secrétaire général de notre cercle « *Eleuthéria* » publiera en juin *Le grand aveuglement européen.*

Afin de souligner que le 4 mars 2024 restera une date funeste de l'Histoire de France, la sacralisation constitutionnelle du droit de tuer les enfants à naître représentant une affaire politique de la plus haute gravité, nous nous entretenons avec le sénateur *Reconquête !* Stéphane Ravier, puis énumérons les 72 courageux parlementaires qui, comme lui, refusèrent de bouleverser l'ordre hiérarchique des normes de la République et de céder à la pente de la culture de mort que la République cultive depuis ses origines.

Enfin, Christian Vanneste, professeur de philosophie, longtemps proche de Maurice Schumann, puis député RPR du Nord, relate la longue séquence du changement de gouvernement qui marqua le début de l'année et qu'il qualifie de « nouvelle distribution d'un spectacle qui continue au théâtre de l'Elysée » : la démocratie devenue vide, notre peuple attend une autre forme de représentation que celles d'un « résident de l'Elysée » qui fit très jeune du théâtre, et d'un Premier ministre, fils d'un metteur en scène, et également élève de théâtre dès ses neuf ans. *Malheur à la Cité dont les Princes sont des comédiens !* nous dit ici en substance Christian Vanneste./ **PP**

« Nos dirigeants ne défendent pas les intérêts de leur pays »

Rencontre avec le **Général Jean-Bernard Pinatel**

Le Général Jean-Bernard Pinatel.

Tout le monde a compris que, très inquiet à la perspective d'être ridiculisé par le maigre résultat que l'on prédit à la coalition qui se réclame de lui lors de la prochaine élection européenne, M. Macron a choisi de radicaliser jusqu'à l'hystérie la tension internationale, et de créer une « atmosphère de guerre » dont il espère peut-être qu'elle réunira autour sa personne la nation apeurée. Bien entendu, ce calcul est déraisonnable et ridicule. Déraisonnable quand ladite hystérie, qui est certes une pente de son caractère, va jusqu'à évoquer la possibilité d'envoyer des troupes au sol (quel sol ?) et d'user de l'arme nucléaire, comme si les intérêts vitaux de la France, seule cause envisageable pour déclencher le feu nucléaire, étaient en jeu - alors que l'occupation par l'armée russe d'une partie des provinces russes de l'Ukraine (pour l'instant 18 % du territoire placé en 1991 sous l'autorité du gouvernement kievien) ne menace en rien la survie de la France, pas plus qu'elle n'attente d'ailleurs à ses intérêts. Calcul ridicule et même criminel quand le monde entier, dont plusieurs capitales qui ont aussitôt recadré notre « chef d'Etat », comprend que la France est entre les mains de politiciens infantiles maniant la menace nucléaire au service d'un jeu électoral dérisoire. Pour lamentable qu'il fut, cet épisode donna au moins l'occasion d'évoquer un sujet grave, notre politique de défense, de sorte que nous avons demandé à l'un des plus célèbres de nos officiers généraux, le Général Jean-Bernard Pinatel, de rappeler quelques « fondametaux ». Occasion aussi de rencontrer ce personnage aussi aguerri qu'il est énergique, et d'évoquer son dernier ouvrage, des Mémoires publiées sous un titre qui le résume bien, L'Esprit Guerrier *(éd. Balland – 2023), dont nous rendons compte ci-dessous. Rappelons aussi, pour ceux qui veulent mieux le connaître,* la Conversation *qu'il nous a accordée l'an dernier pour TVL («* Les Conversations du Nouveau Conservateur *: Jean-Bernard Pinatel, Un parcours de Combattant »), sans omettre de signaler que cet infatigable guerrier, qui est aussi Vice-Président de Géopragma et Secrétaire général de notre cercle Eleuthéria, publiera en juin un nouvel ouvrage dont nous attendons beaucoup : « Le grand aveuglement européen ». pmc*

Il y a quelques semaines, à Stockholm, le président de la République affirmait (en anglais...) :* « la France a la responsabilité de mettre sa capacité de dissuasion nucléaire à la disposition de l'Europe ». *Comment comprenez-vous cette mise à disposition ?

Le Président de la république (et malheureusement ce n'est pas la première fois...) ne se comporte pas en chef d'Etat dont la parole doit être crédible. Ses paroles n'ont en effet aucune crédibilité opérationnelle auprès des chefs d'Etats européens et en particulier de Vladimir Poutine. Si M. Poutine envahissait un des pays Baltes, qui peut croire que M. Macron prendrait le risque de voir Paris et la France détruites nucléairement en prenant le risque de frapper nucléairement en premier la Russie ou les forces russes ? M. Poutine, soutenu par tous les corps constitués russes et par 87 % de sa population, fait la guerre en Ukraine parce qu'il estime que les intérêts vitaux de la Russie sont menacés par les Etats-Unis et l'OTAN en Ukraine, et lui, en revanche, est pleinement crédible.

C'est pourquoi les Etats-Unis font tout pour éviter la nucléarisation du conflit ukrainien. Je rappelle que les consignes de Joe Biden à toute son équipe, ainsi qu'au Pentagone, ont été données dès le 24 février 2022 : « *faire en sorte que l'Ukraine ne soit pas défaite et que les Etats-Unis ne soient pas contraints à une confrontation directe avec la Russie*[1] ». Cela tout simplement parce que M. Biden croit M. Poutine quand il dit faire la guerre en Ukraine pour défendre les intérêts vitaux de la Russie alors que l'Ukraine n'est pas un enjeu vital pour les Etats-Unis. Et il veut éviter à tout prix d'être mis devant la situation où, M. Poutine nucléarisant le conflit, il ne pourrait pas prendre le risque de répondre nucléairement et risquer Washington pour défendre Kiev. Et que, en s'abstenant d'une réponse nucléaire en cas de conflit ouvert, il instillerait un doute chez ses alliés européens sur la réalité de la protection nucléaire américaine.

Le même président de la République a récidivé trois semaines plus tard en s'enfonçant dans l'ambiguïté, affirmant dans une phrase curieuse en ce qu'elle était doublement négative,* « Il n'y a pas de consensus aujourd'hui pour envoyer de manière officielle, assumée et endossée des troupes au sol. Mais en dynamique, rien ne doit être exclu. Nous ferons tout ce qu'il faut pour que la Russie ne puisse pas gagner cette guerre ». *La formulation est alambiquée, mais le fond est inquiétant. Comment la comprenez-vous ?

M. Macron fait du « en même temps » en géopolitique mais cela ne marche pas dans ce domaine car il s'agit d'enjeux vitaux, rien moins que de la Paix et de la Guerre. On ne peut pas être dans l'organisation militaire de l'OTAN où toutes les décisions sont prises sans partage à Washington, et « en même temps » mener sa stratégie autonome dans la zone d'intérêts stratégiques de l'OTAN !

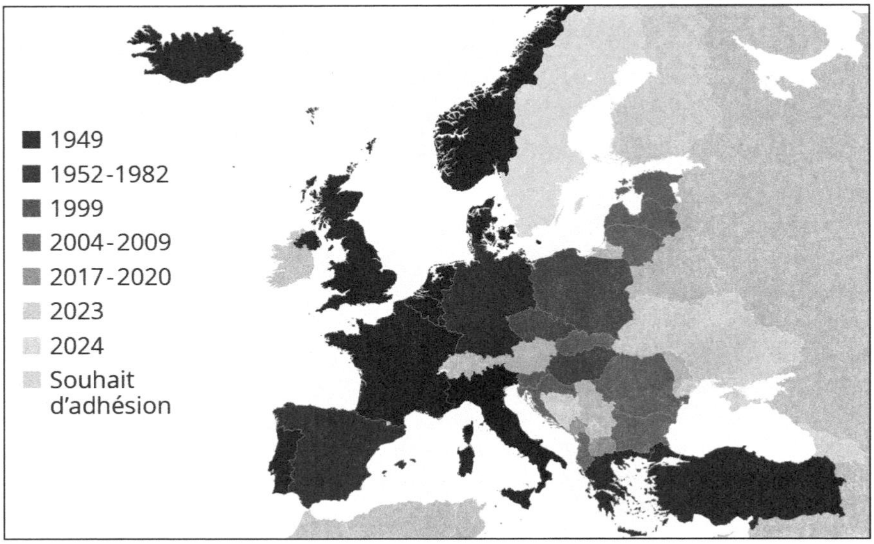

M. Poutine estime que les intérêts vitaux de la Russie sont menacés par les Etats-Unis et l'OTAN.

N'oublions pas que, pour M. Poutine, *les forces françaises c'est l'OTAN*, et il a dit clairement que *la guerre contre l'OTAN sera nucléaire*. M. Macron s'est d'ailleurs fait immédiatement rappeler à l'ordre par M. Biden aussi bien que par M. Scholz.

On découvre dans votre biographie que vous connaissez aussi bien les Etats-Unis d'Amérique que la Russie. Si Donald Trump était élu, d'après vous, comment pourrait-il mettre en œuvre la dissolution de l'Otan qu'il annonce tout à trac ? Y croyez-vous ? Quels effets y voyez-vous quant à la politique de défense de la France ?

Trump est un *businessman* dont la pensée politique est « *America first* ». Son raisonnement est le suivant : « Si vous voulez que je vous protège, vous devez me payer le coût de la protection que je vous fournis ». 81 000 soldats américains sont stationnés dans plusieurs pays d'Europe occidentale et en Turquie, dont 43 000 de l'armée de terre. Trump estime que cette protection doit être assumée en totalité par les Européens alors que, aujourd'hui, ils ne prennent à leur charge qu'une petite partie du coût.

Je ne crois pas pour ma part que M. Trump dissolve l'OTAN, dont le principal rôle est d'obliger les Européens à s'équiper de matériels fabriqués aux Etats-Unis. D'une manière ou d'une autre, il fera payer les Européens.

Il faut bien voir qu'il y a deux cultures politiques très différentes de part et d'autre de l'Atlantique : M. Biden, même vieux, voire par moment sénile, défend les intérêts des Etats-Unis, et M. Trump ferait la même chose.

Nos dirigeants ne défendent pas les intérêts de leurs pays et de l'Europe en général. Quand je vois qui nous dirige, je ne suis pas du tout rassuré sur l'avenir de la France et de l'Europe.

Basque vivant au Pays Basque, vous avez fait à La Semaine du Pays Basque une confidence intéressante :* « J'ai participé à deux émissions sur LCI au début de la guerre en Ukraine, où j'ai exprimé des opinions (qui se sont d'ailleurs avérées correctes) qui n'ont pas été bien reçues. Je n'ai pas été réinvité par la suite ». *Pourtant, vous vous dites plus à gauche qu'à droite… Comment jugez-vous l'extraordinaire partialité de l'information ?

Je ne comprends pas la ligne éditoriale imposée par Martin Bouygues, consistant en un soutien inconditionnel à l'Ukraine et une surenchère de haine de la Russie, cela en utilisant tous les leviers de la désinformation.

J'y consacre d'ailleurs un chapitre de mon prochain livre qui paraîtra en juin chez Balland : *« Le grand aveuglement européen »*. Je démontre, en analysant tous les aspects de cette guerre au niveau international : nucléaire classique, logistique, industrielle, économique et information, que l'Ukraine ne peut gagner cette guerre ; c'est dire notamment qu'elle a perdu définitivement les quatre oblats annexés par la Fédération de Russie, ainsi que la Crimée.

Sur TFI, on pourrait rappeler que son capital comprend d'importants fonds états-uniens... Mais passons ! Vos mémoires étonnent notamment par votre extraordinaire capacité de travail (un exemple : quand vous êtes à la fois en fonction et en doctorat, vous dites travailler « plus de cent heures par semaine » !). Quel est le secret de cette énergie ?

En dehors de mon ADN, je puisse mon énergie dans la volonté de servir mon pays. Ecrire un livre est une discipline exigeante et je ne m'y lance que lorsque je rentre en résistance contre la pensée unique si elle s'exerce au détriment des intérêts de la France et des Français. ■

Neuf vies dans une vie

Dans l'entretien qu'il nous a accordé, le général Pinatel annonce un prochain ouvrage, consacré à l'affaire ukrainienne. Il omet de dire qu'il publia aussi, récemment, un livre-mémoires,* L'esprit guerrier *(éd. Balland, 2023). « Quelle leçon de vie ! » s'est exclamé François Martin en le lisant, soulignant combien sont précieux, en ces temps de dé-civilisation et de conformisme, de tels exemples d'énergie. « Pinatel réveillerait les morts ! » s'exclame François Martin, en concluant : « Vive la vie et en avant ! ». Suivons-les...

L'esprit guerrier se lit comme un roman, et en vérité c'est ce qu'il est : une vie-roman ! Tour à tour jeune officier, qui échappe de peu à la mort en Algérie (vie 1), parachutiste (vie 2), universitaire et conseiller (vie 3), chef de corps (vie 4), directeur de la communication des armées, le SIRPA (vie 5), chef d'entreprise (vie 6), éclaireur du futur (vie 7), agent secret (vie 8), enfin auteur et résistant (vie 9), Pinatel nous entraîne dans des mémoires où transparaissent à la fois son incroyable énergie, mais aussi son intelligence, sa faculté d'adaptation, ses qualités de chef et sa « tête de bourrique » digne de son ascendance basque, pour résister aux conformismes, aux chausse-trapes des jaloux, aux ordres imbéciles de certains chefs...

Trois constantes éclairent sa vie : d'abord sa rage de vaincre (« l'esprit guerrier »), qui ne supporte pas l'échec, et sa ténacité à toute épreuve qui le poussa toujours à vouloir la première place, non tant pour se mettre en avant que pour se prouver à lui-même qu'il en était capable. Ensuite, une mentalité de « para », qui consiste à « sauter d'abord, se débrouiller ensuite », rare alliage de courage mental et physique et de souplesse intellectuelle qui lui permettra de réussir dans des entreprises les plus diverses. Enfin son humanité, son entregent et son enthousiasme, qualités qui firent de lui un chef visiblement aimé de ses subordonnés et de nouer des amitiés dans de nombreux pays, non sans entraîner parfois les deux femmes de sa vie dans ses aventures, que ce soit une « virée » au pôle Nord, un saut en parachute sur un pic des Pyrénées, un rallye automobile des sables en Tunisie, une opération de « dégagement » d'une brebis mafieuse incrustée dans l'organigramme d'un de ses clients dans les méandres de Moscou...

L'autre charme de ce livre est de nous faire beaucoup voyager. Dans le temps, dans l'espace, dans les organisations militaires et civiles et les métiers les plus divers : l'Algérie en guerre ou la Russie post-soviétique, pendant la période passionnante où se construit la doctrine de l'armée française aussi bien que dans l'accélération de la communication numérique. Avec cela, une galerie de portraits extraordinaire, personnages connus ou moins connus qu'il a visiblement tous aimés – laissons aux lecteurs la surprise de découvrir quels personnages il croque, avec une inégalable force d'empathie. Quel homme, et quelle leçon de vie !

François Martin

Nouveau gouvernement ? Non, nouvelle distribution.

Théâtre de l'Elysée : le spectacle continue

par **Christian Vanneste**

Reprenant Platon qui, voici 2 500 ans, prédisait déjà qu'une démocratie qui perdait de sa vitalité finissait fatalement en théâtrocratie, Michel Maffesoli affirmait dans nos colonnes que « les scènes politiques sont devenues éphémères, comme n'importe quel spectacle » (cf. Le Nouveau Conservateur n°7 : Démocratie postmoderne ou théâtocratie ?) ; Mario Vargas Llosa, dans La Civilisation du spectacle, réfutait semblablement « l'idée que le rôle qu'on fait jouer aujourd'hui aux hommes politiques ait quelque chose à voir avec leur lucidité ou leur intelligence. Il est dû exclusivement à leur présence médiatique et à leurs aptitudes histrioniques. » C'est désormais une évidence : la « forme démocratie » est devenue vide : notre peuple attend une autre forme de représentation et de pouvoir. Il est d'ailleurs ironique que les Français subissent un « résident de l'Elysée » dont la principale force est d'avoir fait du théâtre dès 14 ans sous la houlette de son professeur de théâtre devenue sa compagne puis sa femme – et que le nouveau Premier ministre, Gabriel Attal, fils d'un metteur en scène, ait pris des leçons de théâtre dès l'âge de neuf ans. Malheur à la Cité dont les Princes sont des comédiens ! C'est ce que nous dit ici en substance Christian Vanneste, professeur de philosophie, qui fut longtemps un proche de Maurice Schumann, puis député RPR du Nord ; il relate ici la longue séquence du changement de gouvernement qui marqua le début de l'année. (pmc).

Le jeune élève Macron fait de la politique un spectacle, une illusion destinée à masquer la réalité aux Français. En France, des Gilets Jaunes aux agriculteurs, c'est souvent le cirque. L'Elysée et les quelques institutions annexes comme les Assemblées sont du théâtre, farce à gauche de l'Assemblée, tragi-comédie sur les autres bancs avec un Conseil Constitutionnel qui, *deus ex machina*, assure une « fin heureuse » au Président – qui, lui, se réserve les monologues. La diction est impeccable, le ton maîtrisé, le geste assuré. Mais le public se lasse et déserte les représentations, trop longues, trop narcissiques. Même un rendez-vous avec la Nation annoncé par les roulements de tambour médiatique n'est plus que le rendez-vous du Président avec lui-même, étalant au fil des questions téléphonées sa virtuosité à parler de tout avec aisance. Ce numéro n'a rien à voir avec la fonction présidentielle, qui doit fixer un cap et non s'embourber dans les détails : Narcisse cherche l'exploit qui rend ivre de soi. La Nation n'est pour lui, depuis longtemps, qu'une trace d'un passé qui doit s'effacer. Il doit accélérer sa disparition. Alors, beaucoup de Français découvrent que le pouvoir qu'ils endurent n'est qu'un village Potemkine, un mirage sans portée sur leur vie. Plus Macron règne en autocrate sur un pays dont il vampirise les institutions, moins la France pèse dans le monde, moins les Français se sentent protégés par un Etat obèse, tracassier et défaillant.

Simulacre d'un Etat de Droit.

Le nouveau Gouvernement nommé le 11 janvier n'est pas un changement de cap majeur. C'est l'annonce d'une distribution en partie nouvelle pour l'épisode suivant du spectacle présidentiel, dont le clou sera les élections européennes.

Le second essai d'une femme Premier ministre n'a guère été plus fructueux que le précédent. Sèche et revêche, Mme Borne est un haut fonctionnaire qui a mené sa carrière à l'ombre du PS, du cabinet de Ségolène Royal jusqu'à Matignon, en passant par la RATP, l'un de ces grands postes que le Système refile à ses amis. Elle a rejoint la macronie dès 2017, comme tant de socialistes, qui retrouvaient chez Macron, passé par le PS, un progressisme sociétal particulièrement hostile au conservatisme, qu'elle même exècre viscéralement. Pour elle, le sociétal a remplacé le social, l'Europe a remplacé la France, le mondialisme a remplacé le patriotisme. Dénuée de la moindre vision, dépourvue de charisme, elle gouverna sans majorité parlementaire à coups de 49/3, trahissant l'esprit de la Ve République qui, certes, avait renforcé l'Exécutif, mais pas au point de mépriser le suffrage populaire et ses élus. La connivence du Conseil Constitutionnel donne à son nom un sens orwellien : un organisme qui, s'appliquant à fausser complètement l'esprit de la Constitution, est le contraire de ce que son nom annonce. La réforme des retraites passée sans vote, le recours au référendum d'initiative partagée issu de la réforme de 2008 évité furent suivis par la loi sur l'immigration dont l'écriture par le Parlement fut annulée par le Conseil Constitutionnel qui imposa le texte de l'exécutif. La France de Macron n'est plus qu'un simulacre d'Etat de droit.

Même un rendez-vous avec la nation, annoncé par les roulements du tambour médiatique, n'est plus que le rendez-vous du Président avec lui-même.

Attal, une jeunesse spectaculaire

Face à la Bérézina annoncée aux Européennes, il fallait un coup de théâtre. Ce fut Attal et sa spectaculaire jeunesse. Le divertissement politique réclame une distribution séduisante. Personnage tout entier créé grâce à la complicité des médias, la seule force d'un pouvoir sans soutien populaire.

Le jeune Gabriel assis sur les marches de l'hôtel de Matignon habillé en «kid» avec son petit chien : un Premier ministre ?

Sur le fond, Attal reste dans la ligne socialiste. Pour la forme, il déchire l'affiche terne d'une femme triste et anxieuse et se projette sur la scène comme le jeune héros bougiste que la France attendait. Pas d'Arcole, mais l'abaya, la tenue islamique qu'il aurait bannie de l'école de la République. Son interdiction est une évidence de bon sens, mais la couardise générale à l'intérieur du mammouth et la complicité *wokiste* de Pap N'Diaye, son prédécesseur, la transforment en exploit. Le passage éphémère à l'Education nationale ne permet pas aux vrais problèmes de gâter l'auréole du prodige. Des annonces sur l'uniforme ou les redoublements évitent les sujets comme la chute des résultats nationaux au Pisa - cette enquête qui évalue les performances comparées des pays dans l'acquisition des compétences scolaires. On nomma Mme Oudéa-Castera sans étudier son profil : elle avait les Jeux olympiques dont on espérait que le prestige rejaillirait sur la ministre, qui n'aurait qu'à poursuivre l'action entamée par Attal. Patatras ! Cette macronienne droit issue de la Caste, fille du directeur de Publicis, cousine de la tribu journalistique des Duhamel, mariée au président du CA de Sanofi, deviendra le boulet du remaniement : une gaffeuse en série ! La guerre scolaire fut presque rallumée contre le collège Stanislas devenu la cible de la gauche laïcarde, révélations sur un parcours très rémunérateur jusqu'à la Fédération Française de Tennis, où ses appointements mensuels auraient été de 35000 € par mois…

Gabriel Attal : personnage créé de toutes pièces grâce à la complicité des médias, la seule force d'un pouvoir sans soutien populaire.

La nomination de Stéphane, l'ex-pacsé de Gabriel, à la tête du prestigieux Quai d'Orsay, accentue le soupçon d'un copinage général dans un réseau très étroit. Lui aussi est passé par le PS et les cabinets de gauche jusqu'à celui de Macron. Hélas, on découvrit bientôt que le successeur de Vergennes et de Couve de Murville parle français comme une vache espagnole au point de commettre des bévues embarrassantes (« garantir les souffrances des Palestiniens »). Il est vrai que la promotion d'un favori va de pair avec l'évident abaissement de la France sur la scène du monde…

Les intérêts convergents de MM. Sarkozy et Macron

Ces choix malheureux masquent l'essentiel: montrer à une France qui penche à droite que l'exécutif l'écoute. Côté jardin, on fait sortir des socialistes convertis, Veran, Dussopt. Côté cour entrent les prises de guerre : Catherine Vautrin, dont l'absence de conviction facilitait le choix, et Rachida Dati, la rivale de Mme Hidalgo, qui remplace la gauchiste Rima Abdul Malak à la Culture. Elle disait que la macronie rassemblait des traîtres de gauche et de droite : passant le gué, elle met en lumière la collusion qui alimente en sous-sol la macronie, non l'union de la droite et de la gauche, mais les intérêts convergents de Sarkozy et de Macron. Après la funeste ouverture à gauche, les Français préférèrent l'original. Après sa double défaite, devant les Français puis devant son parti (même pas 20% à la primaire de 2016), la série des procès l'a blessé, humilié. L'homme ne pense guère à la France, seulement préoccupé de ruminer sa vengeance : Darmanin hier, Dati aujourd'hui. Aurore Bergé mérite un caméléon d'honneur : elle est ministre de l'égalité hommes/femmes et de la lutte contre les discriminations après avoir été celle des solidarités et des familles ! Mais Mme Belloubet, bien ancrée à gauche montre bien que l'orientation reste à gauche.

Rachida Dati met en lumière la collusion qui alimente en sous-sol la macronie, non l'union de la droite et de la gauche,mais les intérêts convergents de Nicolas Sarkozy et d'Emmanuel Macron.

Quel sens donner en définitive au nouveau Gouvernement ? Alors que les peuples européens se réveillent, l'oligarchie progressiste qui accélère le naufrage de nos nations a désigné le futur gestionnaire du désastre. M. Attal coche toutes les cases du candidat idéal, européiste, mondialiste, chantre du progressisme sociétal qui, à l'Assemblée, en affirme sa pratique personnelle. Il est comme Macron *Young global leader* de Davos, participe aux conclaves du groupe de Bilderberg. Macron a trouvé son clone. Dans l'immédiat, leur but est limité aux Européennes. Il consiste à noyer ce vote dans la menace russe sur l'Europe en espérant le même effet que pour la présidentielle. Cette tactique a le mérite de désigner le RN comme le complice de Moscou, couvrant au passage la révolte paysanne qui souligne si bien les méfaits de l'UE.

Du théâtre réduit à la dimension d'un théâtre de poche : la France ne joue plus sur la scène mondiale. Partout ses dirigeants suscitent le mépris, au point que la puissance déclinante tend sa sébile au Qatar : les grands acteurs ont des cachets, les mauvais font la quête. ■

Jusqu'à sacraliser le droit de tuer les enfants...

Signe doublement frappant de la profonde déréliction dans laquelle est tombée notre civilisation, en même temps que du désordre dans lequel sombre le droit lui-même, l'affaire de l'inscription du dénommé « droit à l'avortement » dans la Constitution intéressera sans doute les historiens. D'une part, elle prouve que l'ordre hiérarchique des normes de la République est bouleversé : il y aura bientôt des lois dotées de la force constitutionnelle (n'importe quelle loi, désormais, de l'interdiction de fumer à la loi littoral) et des lois de seconde zone, qu'on pourrait dès lors activement considérer comme toujours discutables, tandis que la Constitution, en principe faite pour régler les rapports entre les pouvoir publics, deviendrait une batterie de « super-lois ».

Autre question : la France, qui est jusqu'à présent le seul membre permanent du Conseil de l'ONU qui soit de culture catholique, a-t-elle intérêt à se vouloir désormais, comme le souhaitait M. Macron au cours de la cérémonie de scellement de la nouvelle Constitution qui suivit Place Vendôme, le symbole mondial de la « libération des femmes » comme elle le devient aussi des droits LGBT ? L'opération diplomatique frôle ici la provocation, et des plus dangereuses...

Surtout, ledit droit à l'avortement, très élargi et considérablement assoupli par rapport à la loi, dite « loi Veil », qui l'a institué en en faisant un « derniers recours » pour des femmes en détresse (ce qu'il est loin d'être désormais...) devient de ce fait un principe sacré, indiscutable, intouchable, heurtant inutilement, puisqu'il ne paraît pas massivement remis en cause, des catholiques, des protestants, des Juifs et des musulmans pour qui il revient à attenter à la vie, en clair à tuer des enfants dans le ventre de leur mère. Cela à l'heure où l'accident de voiture causé par un amuseur à une femme enceinte de 23 semaines dont le bébé mourut sous le choc a été réputé par un tribunal de première instance constituer un homicide ouvrant droit à réparation, et à l'heure où ladite « constitutionnalisation » du droit à avorter incite déjà plusieurs voix parlementaires de gauche à réclamer, un nouvel allongement des délais légaux à 16 ou 18 semaines. Mais que se passe-t-il entre le terme de 23 semaines, quand un bébé à naître est réputé être une personne, et le terme 16 ou 18 semaines, où il n'était qu'un simple embryon jetable ? Curieuse situation, quand le débat est simultanément rouvert et refermé...

Mais est-ce là vraiment une question de droit ? Les Conservateurs que nous sommes peuvent légitimement se demander s'il n'était pas fatal que la valeur suprême de la République, si suprême qu'elle en devient supérieure même aux principes de Souveraineté, d'Egalité des citoyens ou d'Unité nationale (principes qu'elle continue à proclamer sans plus se soucier de les appliquer), retrouvât ce qu'elle fut à ses origines, le droit de tuer. Tuer des opposants jadis, tuer des enfants aujourd'hui et tuer demain, en attendant les malades et les anormaux, les vieillards inutiles, telle est la pente de la culture de mort « où nous sommes en train de glisser » (Jean-Paul II). Viva la Muerte !, *s'exclamaient les Républicains espagnols : n'est-ce pas là, en dernière instance, le cri de tous les Républicains du monde ? (pmc).*

« Le 4 mars 2024 restera une date funeste de l'Histoire de France »

Entretien avec le sénateur
Stéphane Ravier (Reconquête !)

Au cours du débat parlementaire qui précéda la modification constitutionnelle, un sénateur, Stéphane Ravier, s'est montré particulièrement combattif et courageux dans l'hémicycle. Ce n'est d'ailleurs pas la première fois. Né à Gap le 4 août 1969, d'un père ouvrier et d'une mère au foyer, il fut élu en 2014 sénateur des Bouches-du-Rhône. Il est membre de la Commission des Affaires Étrangères, de la Défense et des forces Armées. Après avoir rejoint Jean-Marie le Pen à l'âge de 16 ans, Stéphane Ravier rejoignit très tôt le Front national « pour faire triompher les idées de la France française, fille aînée de l'Eglise, mère des arts, des armes et des lois ». Conseiller régional de Provence-Alpes-Côte d'Azur de 2010 à 2016 et conseiller municipal d'opposition à Marseille

Le sénateur Stéphane Ravier s'exprimant à propos de la constitutionalisation de l'avortement.

depuis 2014, réélu en 2020, il est maire du 7ᵉ secteur de Marseille de 2014 à 2017. Figure symbolique de la percée du Front national aux élections municipales et sénatoriales de 2014, cet homme intrépide et chaleureux fut candidat à la mairie de Marseille en 2020, ses listes arrivant en troisième position. Il fut réélu sénateur peu après. En 2022, il décide de soutenir la candidature d'Éric Zemmour à l'élection présidentielle et rejoint Reconquête !. Il préside aujourd'hui Marseille d'abord « prônant l'union des patriotes pour sauver Marseille ». Nous l'avons rencontré et le remercions, ainsi que son assistant, Louis-Marie Mautin, pour l'accueil qu'ils ont réservé au Nouveau Conservateur.

Vous vous êtes montré très combattif lors du débat parlementaire sur la constitutionalisation de l'IVG. Pour quelles raisons ? Quelle furent vos motivations profondes ?

Tout d'abord, parce que, dans l'ordre des valeurs, la vie humaine précède la Liberté et l'État. Je pense que la Liberté et l'État doivent servir la vie et non l'inverse. Ce paradigme fonde notre civilisation. En détruisant cela, le progressisme mène au totalitarisme.

Ensuite, je pense qu'une Constitution « n'est pas un catalogue des droits sociaux et sociétaux », comme l'a dit le Président du Sénat, Gérard Larcher. Mais, à sa différence, je ne me suis pas abstenu sur le texte et j'ai tenu à défendre ce principe en hémicycle. J'ai joint l'action à la parole…

Maintenant, la boite de Pandore est ouverte. L'équilibre précieux de la Constitution de 1958 est rompu. Pourquoi n'inscrirait-on pas l'euthanasie, la PMA, l'interdiction de la corrida ou du tabac dans les lieux publics, la légalisation du cannabis et toute autre lubie dans notre norme suprême ? Comme le grand constitutionnaliste Carcassonne, je pense que « L'État de droit ne doit pas devenir les tas de droits ». La valeur constitutionnelle de l'avortement fige tout et menace désormais tout principe de délai limite, de clause de conscience des soignants, de liberté d'expression sur le sujet, qui reste très controversé…

J'en veux pour preuve que, déjà, Mélanie Vogel, sénatrice écologiste, et Mathilde Panot, députée « insoumise », ont annoncé leur souhait d'abroger la double clause de conscience des professionnels de santé. Pour elles, l'avortement ne doit même pas être une liberté, mais une obligation.

De plus, dans cette séquence, j'ai voulu dénoncer une défaite supplémentaire du législateur devant les juges du Conseil constitutionnel. De dérogation, tel qu'il était conçu dans la loi Veil, l'avortement est devenu un droit absolu et sans limite désormais gardé par les Juges, sans possibilité de contrôle du peuple. Ils pourront défaire par une question prioritaire de constitutionnalité ce que les parlementaires ont souverainement inscrit dans la loi.

Enfin, j'ai voulu défendre le débat démocratique, là où il n'y avait plus que postures et anathèmes. L'avortement est un drame. Personne n'ose le dire. Or, la constitutionalisation, suivie d'une grande cérémonie place Vendôme, en fait une sorte de fête, une sorte de sacrement auquel nous sommes obligés de communier. Pourtant, j'estime que tous devaient entendre qu'on ne fonde pas une Constitution et une Nation sur de petits calculs politiciens. On la fonde sur la raison humaine et sur la dignité de la personne.

Comment avez-vous vécu cette journée du 4 mars, hautement symbolique, du Congrès à Versailles ?

En 10 ans de mandat sénatorial, je n'ai pas connu journée plus éprouvante. J'ai vu défiler à la tribune, pendant plusieurs heures, la totalité des représentants de chaque groupe des deux chambres du Parlement, tous d'accord. Il n'y a eu personne pour apporter une contradiction. Chacun jouait son rôle, selon un script préétabli. La masse de mes collègues se levait régulièrement pour applaudir. J'ai pris l'habitude des comportements grégaires dans un hémicycle, mais, ici, j'ai quand même réussi à être surpris et même dégoûté : tant de forfanterie alors que personne n'assume ses responsabilités dans les crises multiples qui secouent gravement notre pays. « Tout cela finira mal », pensai-je.

Dans une intervention au Sénat, la semaine précédente, je citais les propos de Mmes Braun-Pivet et Belloubet, ainsi que ceux de MM. Bayrou et Dupont-Moretti, qui étaient pourtant opposés à la constitutionalisation de l'IVG il y a deux ans encore. Et là, dans ce Congrès, je les voyais, eux ou leurs acolytes, la larme à l'œil, fiers d'avoir vaincu la prétendue « menace » et de porter l'avortement au pinacle. Ce sont des hommes politiques de sang-froid. Ils peuvent dire tout et son contraire en nous regardant dans le blanc des yeux. Cette inconstance professionnelle est glaçante. Tout est proclamatoire ; et rien n'est réel.

Dans cette ambiance, la gauche, ravie d'avoir piégé la droite, célèbre son butin idéologique retrouvé. Le droit à l'IVG, qui avait été adopté sous un gouvernement de droite et une majorité de droite, revient enfin dans son giron. Ainsi, l'ancienne ministre des familles de François Hollande, la sénatrice Laurence Rossignol, déclare, à la tribune du Congrès, son « bonheur » et sa volonté de continuer le combat pour l'avortement en résistant à « Trump, Bolsonaro, Orban, Milei, Poutine, Meloni, comme aux Mollahs et aux dictatures théocratiques ». Rien que ça. Ce fourre-tout révèle leur incompréhension du monde : quel est le rapport entre le sort d'une femme aux États-Unis et en Iran ?

La majestuosité du lieu et de la cérémonie du Congrès me faisaient voir, en contraste, la petitesse des acteurs, dans des costumes trop grands pour eux, persuadés de faire l'histoire de l'humanité et ne se livrant qu'à des calculs et à des vengeances.

Dans cette séquence, que peut-on interpréter de la situation interne de LR ? Du RN ?

Face à l'ubris progressiste, la France a plus que jamais besoin d'une droite ancrée dans le réel, apte à défendre notre civilisation et à insuffler l'Espérance. Au lieu de cela, nous avons eu une droite LR dont le président du groupe à l'Assemblée nationale a voté POUR le texte, le président du groupe majoritaire au Sénat a voté CONTRE et le président du Sénat s'est ABSTENU. Ils sont perdus. Il n'y a plus ni ligne politique, ni chef, ni volonté de défendre un quelconque projet de société. Ils ont subi sans broncher une opération de fracturation supplémentaire de la part du Président de la République et, bien sûr, portée par la gauche.

Au RN, premier groupe d'opposition à l'Assemblée nationale, la présidente et plus de la moitié du groupe ont voté le texte alors que Marine le Pen dénonçait, il y a quelques années encore, la « dérive » que constituaient les « avortements de confort ». A la tribune, leur oratrice, Hélène Laporte, a mis en garde contre le risque que faisait peser la sacralisation de ce droit à l'avortement sur la clause de conscience des médecins, alors que les trois sénateurs de son parti ont voté contre un amendement d'un sénateur LR proposant d'inscrire cette clause dans la Constitution. Jordan Bardella s'est empressé de « se réjouir » de cette révision de la norme suprême. La boussole des convictions est cassée : il ne reste plus que la boussole électorale.

Emmanuel Macron, en pleine campagne européenne, a gagné avec les idées de la gauche et les voix de la droite. Il laisse sa lettre dans la Constitution et y entre avec le tapis rouge des « oppositions », alors que ses troupes sont minoritaires au Congrès et que tout dans ce pays, du Salon de l'agriculture aux salons de l'Élysée, semble lui échapper et lui donner tort. Hélas, seuls 72 parlementaires ont résisté au chantage et à l'*agit-prop* de la gauche. Dans ce contexte, ils forment une base conservatrice solide pour bâtir une union alternative visant à défendre la civilisation contre l'hiver démographique et l'agenda progressiste.

Ce 4 mars 2024 restera-t-il une date dans l'histoire de France ?

Oui, le 4 mars 2024 restera une date funeste de l'histoire de France. À 18 h 40, les résultats du scrutin étaient dévoilés. Par coïncidence, c'était l'heure du coucher de soleil à Versailles. Et les oppositions parlementaires de « droite » se couchaient.

Le seul État à avoir inscrit l'avortement dans sa Constitution fut la dictature yougoslave du Maréchal Tito. C'est l'histoire. Chacun a les références qu'il peut. Ce 4 mars, la République française devient, elle seule, le grand laboratoire du progressisme mondial dont les néons des Lumières ont fini par remplacer le grand jour de la civilisation chrétienne et du Roi Soleil. *Occident* vient du latin *occidere* signifiant le soleil qui se couche dans la mer. Devant ce tableau, nous avons la mélancolie du jour qui finit et, à la fois, les plus belles lumières qui nous incitent à l'Espérance de l'aurore, même au plus noir de la nuit. Voilà mon état d'esprit le soir du Congrès, partagé entre le dépit de la journée passée et la détermination pour l'avenir.

Êtes-vous aussi pessimiste pour le futur débat sur l'euthanasie ? N'y a-t-il pas une revanche à prendre dans ce débat ?

La souveraineté du législateur est concurrencée dans tous les domaines, mais paradoxalement le dernier qu'on lui laisse, le droit de traiter en profondeur est celui de la bioéthique, le plus important pour la condition humaine. Peut-être est-ce pour l'Exécutif une manière de se laver les mains, dans le bain parlementaire, des conséquences graves des décisions adoptées. Ainsi les deux textes importants de la session parlementaire en cours seront les projets de loi traitant de l'IVG et de l'euthanasie.

Emmanuel Macron a annoncé que le projet de loi ouvrant le droit à l'euthanasie serait examiné fin avril. Le vote en première lecture à l'Assemblée nationale aura donc lieu à la veille des élections européennes. Autant dire qu'il a prévu de mettre chacun face à ses responsabilités avant le scrutin. Ce sera une excellente manière de tester les convictions et la cohérence de chacun des partis de droite sur ce sujet sensible de protection des plus vulnérables et de défense de la Vie. Ce sera l'affrontement du « en même temps » pour les partis de droite représentés qui devront penser au scrutin à court terme, avec un électorat séduit par la « loi de fraternité » du président Macron et aux convictions de long terme. Pour ma part, j'ai toujours choisi la seconde option. Je sais que je ne suis pas le seul. Il faudra savoir se réunir d'une manière ou d'une autre pour peser dans ces débats fondamentaux.

S'il y a une revanche parlementaire à prendre, c'est dans ce débat, car les oppositions de droite, majoritaires au Sénat, devraient trouver une ligne de fracture idéologique avec le progressisme macroniste. De plus, aucun obstacle juridictionnel ne viendra s'opposer à la défense du droit existant, contrairement à ce qui fut le cas avec le projet de loi immigration, pour lequel la majorité des amendements ont été censurés par le Conseil constitutionnel.

En promouvant le développement des unités de soins palliatifs et en vulgarisant leur existence, nous pourrons enfin faire connaitre et appliquer la loi en vigueur depuis 22 ans : ***« Toute personne malade dont l'état le requiert a le droit d'accéder à des soins palliatifs et à un accompagnement. »*** (Article L.1110-9 du code de la santé publique) Nous avons là une opportunité majeure, non pas de faire du « en même temps » en avalisant le reste du texte, mais de promouvoir des structures modernes où l'on protège la Vie, comme alternative à la solution létale.

On peut espérer que, les mêmes élus, avec les mêmes rapports de force partisans que le 4 mars, pourront faire preuve d'un minimum de lucidité et de courage en s'opposant à cette nouvelle transgression anthropologique. Mais sur la durée, sous les coups de boutoir sondagiers, politiques et médiatiques, rien ne changera si le personnel politique et le cap ne changent pas. La majorité sénatoriale LR a déjà voté la PMA sans père et l'IVG dans la Constitution. Elle finira par valider le discours macroniste, surtout si son avenir politique se trouve entre des mains comme celles de Rachida Dati et d'Edouard Philippe.

Sénateur de Marseille, vous vous êtes souvent montré attaché à l'identité provençale. Pouvez-vous nous dire ce qui se passe dans l'affaire qui oppose la famille Pagnol à la ville de Marseille ? Accessoirement, vous sentez-vous d'abord provençal ou français ?

Le petit-fils de Marcel Pagnol, Nicolas, s'est vu retirer la délégation de service public pour la gestion du château de la Buzine, dans le 11e arrondissement de Marseille, par l'adjoint à la culture communiste du maire de Marseille. Ce château avait été acheté par Marcel Pagnol en 1941 pour en faire la « Cité du cinéma ». Il appartient aujourd'hui à la Mairie de Marseille depuis 1995. Pour remplacer Nicolas Pagnol et son association

Le château de la Busine, propriété de la famille Pagnol.

culturelle, la mairie souhaiterait accueillir une association ouvrière amie qui n'a aucune compétence dans le domaine. S'attaquer à Marcel Pagnol, icône de l'identité marseillaise, et à l'association de son descendant, dont le résultat d'exploitation est bénéficiaire : voilà la priorité du maire de la seconde ville de France en plein marasme sécuritaire. On ne refait pas la gauche. L'attractivité de la ville en pâtira. Il faut à tout prix mettre un terme à cela.

C'est dans cette optique que j'ai créé le mouvement « Marseille d'abord ! » pour unir les électeurs de droite qui veulent se sortir de la gouvernance des gauches unies dans la cité phocéenne. Je pense qu'il ne faut pas abandonner politiquement les grandes villes françaises, quand bien même leur sociologie consacrerait des victoires faciles à la gauche et aux progressistes de tout poil. Si la *Reconquête* doit commencer dans la ruralité ou dans les villes provinciales où la déconstruction est moins avancée, la civilisation ne se relèvera qu'à la condition d'avoir une ou plusieurs capitales. Rome reste Rome.

Pour répondre à la deuxième partie de votre question, Félix Gras, disciple de Frédéric Mistral, nous rappelle la nécessaire hiérarchie du sentiment d'appartenance et je lui suis fidèle : « J'aime mon village plus que ton village, j'aime ma Provence plus que ta province, j'aime la France plus que tout ! » De même qu'Astérix n'est pas un irréductible Breton mais un irréductible Gaulois, je suis irréductiblement français.

Ecologie, Economie & Patrimoine

Le travail et le don

« Les choses jouent le rôle des hommes, et les hommes jouent le rôle des choses ; c'est la racine du mal. »
Simone Weil

Le 1er février dernier, ce que nous pourrions appeler « l'archipel conservateur » (*Via/La Voie du Peuple, le CNIP, Le Mouvement conservateur* et, bien entendu, *Le Nouveau Conservateur*), organisaient conjointement un colloque consacré à une notion trop souvent oubliée dans le débat politique, le Travail. Sous le titre *« Le Travail a-t-il un avenir ? »* étaient réunis une douzaine d'intervenants, principalement issus du monde professionnel, notamment le vice-président de la CFTC, notre ami Joseph Thouvenel (déjà intervenu dans nos colonnes pour développer la devise du syndicat chrétien : « La Vie à Défendre », et illustrer un thème cher, « la participation dans l'entreprise » - cf. LNC n°8). Ce colloque, fort bien organisé par Bruno Verken, ancien cadre du groupe Danone et élu local *Via*, posa crûment une question qui ne fait guère partie des « champs de recherche » habituels de nos intellectuels. Pourtant, le travail et son avenir est une question centrale dans la vie de l'immense majorité de nos concitoyens, comme dans notre vie collective ; surtout, la notion de travail, qu'on nomme parfois « valeur travail » est tombée dans une telle déréliction que, à travers son avenir, qui est de moins en moins garanti, c'est celui de notre civilisation qui est posé à terme plus rapproché qu'on ne croit. Qu'adviendra-t-il quand, à force d'avoir perdu son sens, le travail finira par perdre son utilité ? « Avant les travailleurs eux-mêmes, c'est souvent le travail qui est malade, écrit Bruno Verken, malade de l'individualisme, de la course à la performance financière et du refus des réalités, au détriment du travail « bien fait » - et finalement, ajoute-t-il, du travail tout court comme « lieu d'exercice de notre humanité et de co-création du monde ». Comme l'écrit ici Jean-Frédéric Poisson, qui concluait le colloque, nous avons fini par perdre de vue « le travail dans sa dimension première, c'est-à-dire anthropologique » ; il n'est plus vraiment pris en compte (quand) « il n'est plus évoqué que sous le regard du contrat, c'est-à-dire la situation dans laquelle une demande de travail rencontre une offre et se traduit par une rémunération contractuelle ».

Certes, on peut penser de façon un peu routinière qu'il suffit d'avoir besoin d'argent ou plus exactement de survivre pour se contraindre à chercher et exercer un travail. Mais même cette conception très réduite n'est plus tout à fait acquise : d'abord, il est de moins en moins nécessaire d'avoir un emploi pour avoir de quoi vivre quand les aides publiques aussi bien que privées (les ressources de la famille…) se substituent aux revenus d'un véritable travail. Par ailleurs, il se voit partout qu'obtenir un salaire n'équivaut pas à travailler au sens ancestral de ce terme, mais à s'assurer une capacité minimale de consommer, capacité que l'on peut acquérir dans notre monde, par d'innombrables moyens, d'autant que se combinent à nos conceptions ancestrales du travail et de la vie, d'autres conceptions qui sont loin de faire du travail une valeur. De combien de jeunes l'ambition suprême est d'être chanteur, fouteboleur ou videur, quand ce n'est pas de « faire du commerce », c'est-à-dire du trafic ? Enfin, il est évident que ce qui a motivé les hommes depuis des siècles et des siècles, du paysan peignant ses champs, soignant ses bêtes, et contribuant à la vie de sa famille, de son village ou de son pays s'est peu à peu évaporé dans une société où la règle n'est plus l'honneur du travail bien fait mais l'expédition d'une tâche sans en endosser la responsabilité. La dégradation du travail, en son principe comme en sa réalité contemporaine, est bien plus avancée qu'on ne croit : loin de nous élever à la dignité du créateur, le voilà aujourd'hui réduit à une seule fonction : une manière de maximiser son gain et sa protection sociale en minimisant son engagement personnel, son temps et son effort, quitte à se désengager et changer d'emploi s'il s'en trouve un autre de meilleur rapport.

Reste une question : cette conception minimaliste du travail est-elle tenable longtemps – et n'est-elle pas faite pour rendre malheureux ? Qu'advient-il quand l'attachement ancien à l'entreprise, à ses collègues, voire à son employeur se dilue, quand, au contrat long, à la fierté de faire partie d'une entreprise de renom, ou simplement pérenne, le contrat se réduit à une durée déterminée ou intérimaire, précaire, quand se généralisent le statut d'auto-entrepreneur, le télétravail et autres innovations, telles les projets de revenus universels ou les revenus de substitution qui, littéralement, privent les êtres des satisfactions du travail, les renvoie à eux-mêmes et les déclassent ? Et qu'advient-il quand le travail parcellisé, répétitif, relié à rien, littéralement *désaffecté*, devient insupportable (c'est le fameux *burn out* qu'évoquent ici plusieurs de nos auteurs, malaise général qui n'est pas près de se résoudre) ; qu'advient-il quand l'effort est absurde ?

Du « travailleur détaché » au travailleur enchaîné

« Travailleur détaché », l'expression est passée dans le droit européen, exacerbant ce que Jean-Frédéric Poisson pointe comme « le retour en force de l'individu », prolongeant sans fin cet individualisme moderne et républicain par lequel la Convention, le décret d'Allarde et la loi Le Chapelier ont pulvérisé le vieil ordre du travail, souvent collectif, celui des champs, celui des corporations, des corps de métier, des corps et des statuts que la révolution managériale anglo-saxonne (anglaise, américaine puis allemande) a lentement pulvérisées, avec leur vieilles solidarités. Ce « détachement » s'accroît sans cesse à mesure que se généralise la numérisation dont Francis Jubert analyse les ambiguïtés : « des tâches trop répétitives ou exclusivement procédurales, a fortiori si elles sont dénuées de sens, déconnectées des valeurs personnelles ou spécifiques à un métier, peuvent entraîner un sentiment de désengagement vis-à-vis de la mission », écrit-il, examinant aussi les différentes formules de télétravail : « La souplesse dans l'organisation du travail, écrit-il, peut offrir des avantages en termes d'équilibre entre vie professionnelle et vie personnelle, mais elle peut aussi contribuer à sa déshumanisation en brouillant les frontières entre vie professionnelle et vie privée ».

C'est l'une des questions que posaient dès les années 30 Simone Weil avec sa *Condition ouvrière*, la philosophe chrétienne étant l'une des premières à saisir le danger de la combinaison de la révolution managériale et la « mécanisation générale », la « révolution des machines, puis celle des écrans : «À l'heure du développement de l'intelligence artificielle et des plates-formes numériques, écrit encore Francis Jubert, sommes-nous condamnés à être au service des machines ? » Et que dire de la solitude de l'homme devant son écran, fixé à lui, pourrait-on dire, en attendant qu'on ne le « puce », sans que l'on ne sache plus qui commande à qui, sinon que nous sommes en train de glisser vers une lente réification des hommes, leur transformation en chose dans un monde où les choses, de sujets, deviennent maîtres – c'est la hantise du robot chez Bernanos, et d'une manière générale, au siècle dernier, des premiers penseurs du système technicien. Citons au hasard Jacques Ellul, Günter Anders ou Ernst von Salomon et son terrible trait « quand l'homme s'émancipa de Dieu, il ne se douterait pas que les choses s'émanciperont un jour de lui ».

Ré-enchanter le travail

Il est donc urgent pour l'homme contemporain de se réapproprier le travail, de restaurer en profondeur sa valeur, et si possible de le réenchanter. Cela, empressons nous de le dire, ne saurait se faire à froid tant les forces dominantes de ce monde se laissent elles-mêmes emporter par leurs pentes, le gigantisme, la rationalisation à outrance, l'obsession, qu'enseignent si dangereusement les écoles de commerce, de la maximisation des gains, la réduction des coûts, en somme l'oubli de l'homme et du *Bien Commun*, la disqualification de la mission régulatrice de l'État et de la dimension morale de la vie économique, Guillaume de Thieulloy rappelant ici l'essentiel en posant que « les actes économiques sont aussi des actes moraux ». Or, c'est tout un autre monde qu'il faut alors dessiner, un monde où l'obsession de maximiser cède le pas au souci d'optimiser, qu'il s'agisse d'optimiser les ressources humaines ou les ressources naturelles – c'est pourquoi nous faisons immédiatement suivre ce dossier de l'esquisse de ce que pourrait être une écologie conservatrice, écologie humaine d'abord, à travers l'esquisse d'un *Manifeste Écologique Conservateur*, que notre ami François-Louis de Voyer, prenant son bâton de pèlerin, a entrepris de faire connaître, et de faire comprendre, et d'abord à une droite française qui, avouons-le, est passé complètement à côté de ces thèmes pourtant majeurs de la tradition conservatrice (cf. p. 117).

Plusieurs de nos auteurs en aperçoivent d'ores et déjà d'encourageantes perspectives, s'agissant du travail, tel ce jeune créateur d'une entreprise d'artisanat du Limousin, responsable local de *Via*/La Voie du peuple, Pierre-Louis Barthélémy (qui signa déjà un article sur la question des ressources humaines dans l'entreprise (cf LNC n°10) qui observe un phénomène curieux : quantité de salariés quittent leur emploi pour créer leur entreprise : « Qu'est-ce qui pousse tous ces hommes et femmes à prendre le risque de perdre leur carrière, leur confort et leur rémunération pour éprouver chaque jour la peur de l'avenir, sinon la soif de créer une communauté dans laquelle ils seront reconnus ? Ce qu'ils veulent avant tout, c'est que le travail devienne une expression d'eux-mêmes », c'est-à-dire retrouve du sens - et le travailleur, par-là, de la dignité. « L'une des pires violences que l'on puisse faire peser sur un travailleur est de priver son action de toute signification intelligible » renchérit Guillaume de Thieulloy qui, à l'instar de Pierre-Louis Barthélémy retraçant l'histoire du travail depuis le temps des corporations, du juste prix et de la juste rémunération, retrouve cette doctrine sociale de l'Eglise que nous illustrons au fil des pages qui suivent de quelques extraits d'encycliques majeures. Le travail, montre Guillaume de Thieulloy, « n'est tout simplement pas une marchandise ! ».

Le beau travail - le travail comme un don

C'est pour nous un honneur que de publier, en ouverture de ce dossier, Philippe d'Iribarne, grand sociologue qui fut en son temps un collaborateur de Georges Pompidou à L'Élysée, en commençant par restaurer l'honneur du travailleur « respecté dans sa capacité à faire du bon travail et même du *beau travail* ». Philippe d'Iribarne est l'auteur d'un ouvrage devenu classique, « La logique de l'Honneur », dans lequel il formule une observation qui donne à penser : quiconque entre dans un magasin, prenons l'exemple d'une boulangerie, d'un pays anglo-saxon ou d'un pays asiatique, se voit aussitôt demander ce qu'il désire. Attitude toute différente en France où la boulangère commence par ranger les pains, aller chercher une nouvelle fournée au fournil, ou comptabiliser la caisse ; il est rare qu'on se précipite : ce temps de recul peut dérouter, agacer, inspirer des quolibets sur le mauvais vouloir des Français etc. Ce réflexe n'a-t-il pas une autre signification : « Je ne suis pas à votre disposition, signifie la boulangère au client ; je rends service, mais je ne suis pas à votre service ». Vieux monde français, observe d'Iribarne, où chacun obéît d'abord à son état, comme le féodal n'accourt pas immédiatement à l'ost royal, comme le vassal prend un temps avant d'obéïr, comme les instruments de l'orchestre s'accordent avant de signifier au chef qu'ils sont prêts ; c'est la logique de l'Honneur, notion cardinale dans le pays qui, le premier, abolit l'esclavage par l'édit royal de Louis X le Hutin du 3 juillet 1305.

Un dernier mot : on l'aura peut-être remarqué que les six contributeurs de ce dossier sont des hommes. Non certes que *Le Nouveau Conservateur* se sente particulièrement tenu, comme on l'aura amplement remarqué au fil de ses numéros, par la règle des quotas sexuels, devenue aussi universelle et impérieuse qu'elle est sotte. Mais il est frappant que tous les intervenants au colloque d'où sont tirées ces contributions, et la quasi-totalité des spécialistes du monde du travail soient des hommes. Frappant au regard du sujet même, le *travail* et son étymologie : aux origines du monde, le travail est d'abord celui que consentent les femmes, dans la douleur et l'effort pour enfanter - pour donner la vie.

Quelle meilleure image pour dire ce qu'est en lui-même, ce que ne n'est plus mais doit redevenir le travail : le don permanent de la vie ! ■

pmc

Dossier :

Le travail a-t-il un avenir ?

Le beau travail : réponse à la « grande démission »

par **Philippe d'Iribarne**

Philippe d'Iribarne.

La « grande démission », observée depuis quelques années aux États-Unis, commence à toucher la France. Est-elle une fatalité ou bien est-il possible de redonner sens au travail – et, en conséquence, au goût de travailler ? En envisageant l'histoire des relations sociales depuis deux siècles, l'économiste et anthropologue Philippe d'Iribarne, directeur de recherches au CNRS, propose des pistes de compréhension de ce qui se joue aujourd'hui dans les relations entre employeurs et salariés.

La question du travail est plus que jamais à l'ordre du jour. En France, les réactions que suscite la réforme des retraites prolongent une perte de sens, la difficulté à recruter dans de nombreuses activités, une demande de télétravail alimentée par un certain repli sur la sphère familiale. On parle de « grande démission ». Ces réactions étonnent, comme le refus massif de reporter l'âge de la retraite à 64 ans, alors qu'il paraît normal dans nombre d'autres pays européens qu'il atteigne 67, voire 68 ans. Pourquoi cette spécificité française, alors que les grandes évolutions qui marquent le monde du travail, l'intensification de la concurrence, l'élévation de l'espérance de vie, les effets des nouvelles technologies sont mondiales ?

Les réactions des Français dans leur vie de travail sont liées à un cadre de sens remarquablement pérenne, cadre en fonction duquel les divers aspects de cette vie prennent sens et sont vécus.

Tous les pays marqués par l'idéal de liberté et d'égalité porté par les Lumières se sont trouvés face à une question redoutable : comment concilier la condition de travailleur salarié, dépendant d'un patron, soumis à son autorité, tenu de se plier aux volontés d'un client, et la position de citoyen libre, égal à tous ses concitoyens d'une société démocratique ? Comment échapper au spectre de l'ancien serf « taillable et corvéable à merci » ? Tout au long du XIXe siècle, la « question sociale » a été marquée par ce défi. Partout, une solution a été trouvée, influençant la législation du travail et les pratiques de management. Mais ces solutions ont été bien différentes selon les pays, en rapport avec la vision de l'homme libre, issue d'une longue histoire, qui y faisait référence[1].

En France, on trouve une expression lapidaire de ce qu'est un travailleur libre dans la bouche de François Mitterrand : « Mon mandat, c'est une noblesse, […] et je veux en être digne, de la manière que je déciderai[2]. » On a affaire à un héritage d'Ancien Régime. Selon Montesquieu, « Les vertus qu'on nous y montre [dans les monarchies] sont toujours moins ce que l'on doit aux autres que ce que l'on se doit à soi-même : elles ne sont pas tant ce qui nous appelle vers nos concitoyens que ce qui nous en distingue[3]. » Cette vision aristocratique n'a nullement été balayée par la Révolution française qui a, au contraire, voulu qu'elle devienne le bien commun de tous les citoyens.

Comment concilier la condition de travailleur salarié, soumis à l'autorité d'un patron, et la position de citoyen libre, égal à tous ses concitoyens ?

Dans la vie de travail, il convient d'agir et d'être traité conformément au « rang » que l'on occupe dans la société. Cela concerne le contenu du travail, avec un refus des « basses besognes » et un appétit pour les « tâches nobles », ce qui relève d'une œuvre, est créatif. Et cela concerne l'organisation du travail, le respect de la forme d'autonomie associée à la maîtrise d'un métier. Dans une forme d'organisation idéale qu'évoque Michel Crozier : « Les subalternes […] n'auront jamais à s'incliner devant la volonté personnelle humiliante de quelqu'un ; ce qu'ils font, ils le font de leur propre volonté et en particulier ils accomplissent leur tâche en dehors de toute obligation directe. Ils s'efforcent de montrer qu'ils travaillent, non pas parce qu'ils y sont forcés, mais parce qu'ils choisissent de le faire[4]. »

Une réinterprétation au fil des âges

Si cette vision d'un travail compatible avec une dignité d'homme libre a traversé les siècles, elle s'est incarnée au fil du temps de manière constamment renouvelée.

Le XIXe siècle a vu une « aristocratie ouvrière » prendre corps. La création, au XXe siècle, de la catégorie typiquement française des « cadres » a illustré ce mouvement[5]. Lorsqu'ils ont pris corps comme catégorie,

---

[1] Philippe d'Iribarne, *La logique de l'honneur*, Seuil, 1989. Philippe d'Iribarne, "Conceptions of labor and national cultures: diverging visions of freedom", *American Journal of Cultural Sociology*, 2019, Issue III, Vol. 7.

[2] Conférence de presse du 12 avril 1992.

[3] Montesquieu, *De l'Esprit des Lois* (1747), Première partie, Livre 4, chapitre 2.

[4] Michel Crozier, *Le Phénomène bureaucratique*, Seuil, 1963, p. 289.

[5] Luc Boltanski, *Les Cadres. La formation d'un groupe social,* Paris, Les éditions de Minuit, 1982.

toute une littérature de combat a proclamé que les cadres avaient une « mission » d'intérêt général, un « rôle social » analogue à celui de l'officier, qui ne relevait pas des comptes à rendre à un employeur et que celui-ci devait respecter. Pour revaloriser les activités les moins prestigieuses, on vit affirmer qu'il fallait les « professionnaliser ». Pendant ce temps, la référence aux droits inhérents à une position sociale a pris une place centrale dans la législation du travail.

Une mise en cause actuelle, source d'insatisfactions majeures

La période dite des « trente glorieuses a été marquée, pour une grande partie du monde du travail, par une forte proximité entre les pratiques et cette image idéale. La pression des clients et des actionnaires était relativement faible, laissant largement aux producteurs la latitude d'agir en harmonie avec leur vision propre d'un « bon produit ». L'organisation taylorienne favorisait l'autonomie de chaque métier. Mais, au cours des dernières décennies, la transformation du fonctionnement de l'économie, l'internationalisation des références en matière de management, ont déstabilisé ce qui s'était ainsi construit.

Ainsi, l'évolution actuelle du management, avec l'effacement de la figure de l'homme de métier et la montée en puissance de celle du manager, implique pour beaucoup d'être sans cesse contraints de suivre à la lettre des procédures conçues par d'autres et d'être étroitement contrôlés, à grands coups d'outils informatiques, dans la manière dont ils suivent celles-ci. Ceux qui ont à appliquer ces procédures ont souvent le sentiment que les concepteurs les considèrent comme des « exécutants ». Cela est vrai, en particulier, pour les cadres autres que dirigeants qui trouvent souvent que les décisions d'importance sont prises par les grands chefs et que, dès qu'on descend dans la hiérarchie, on est bon pour exécuter. Or, estiment les « exécutants » en question, ils sont les seuls à connaître vraiment leur métier et savoir traiter des situations réelles toujours plus complexes que les situations théoriques pour lesquels les procédures sont conçues. Ils se sentent ainsi à la fois méprisés et dépossédés de ce qui fait l'intérêt de leur travail.

L'écart qui s'est creusé entre le niveau de formation et le niveau de l'emploi auquel il est possible d'accéder joue dans le même sens. Par exemple, il y a quelques dizaines d'années, un titulaire d'un master (bac + 5) devenait cadre sans problème, mais ce n'est plus le cas. Or, en France, où le « rang » auquel on accède tient une place essentielle, une grande importance est attachée au rapport entre le diplôme obtenu et le statut associé à une position professionnelle. Les enquêtes révèlent un vif sentiment de déchoir chez ceux qui se retrouvent dans une position inférieure à celle qui leur paraissait légitime d'obtenir.

Pendant ce temps, la pression accrue de la concurrence conduit au sentiment que, pour réussir, il faut en passer par les exigences du client, y compris quand elles vont à l'encontre du désir de concevoir un « bon produit » selon les standards de l'homme de métier. De plus, l'importance prise par les fonctions, jugées traditionnellement peu nobles, de communication conduit à une dévalorisation relative de celles qui concourent à produire.

Des tendances qui se dessinent

Face à cette dégradation de la qualité de leur vie de travail, les Français ne se contentent pas de subir.

Pour ceux qui sont restés dans des structures bureaucratisés sous la coupe de managers épris de chiffres et de procédures, tout en ignorant la substance et la complexité du travail réel, il est possible de garder sa fierté en se désengageant. Celui qui agit ainsi peut avoir le sentiment qu'il n'est pas plus atteint par la médiocrité du rôle qu'il remplit que ne l'est un acteur quand il joue avec talent le rôle d'un personnage médiocre. Il est honorable, en agissant ainsi, de berner son employeur quand il cherche à vous soumettre. Et il l'est aussi d'exiger à son tour sur les plans où l'on est en position de force : les horaires de travail, les congés, le temps passé à télétravailler.

Les entreprises ont besoin de travailler à comprendre les réactions qu'elles rencontrent chez ceux qui travaillent en leur sein, avec leur fierté particulière de métier.

Il y a des décennies que la volonté de construire sa vie en fonction de choix personnels dans d'autres activités que son travail est très présente dans l'imaginaire. Souvenons-nous du slogan de mai 68, « ne pas perdre sa vie à la gagner ». L'expérience de la période du confinement associée au Covid a montré que cette vision pouvait s'incarner. La défense bec et ongles d'un départ en retraite beaucoup plus précoce que celui que l'on trouve dans la plupart des pays européens, avec la possibilité de consacrer du temps à une multitude d'activité désintéressées, relève de cette logique.

Une autre tendance qui se dessine est liée à l'évolution du caractère plus ou moins honorable des diverses positions professionnelles. Depuis des lustres, les métiers manuels étaient dévalorisés par rapport aux professions intellectuelles. Mais on perçoit mieux maintenant qu'ils demandent beaucoup plus d'intelligence et de créativité que mainte activité de bureaucrate. On voit des diplômés de l'enseignement supérieur se reconvertir dans des activités de charpentier, fleuriste et autres.

Sortir de la crise du travail où nous sommes ne demande pas seulement de la bonne volonté jointe à l'application de recettes à la mode, mais aussi de l'intelligence associée à la volonté de comprendre en profondeur ce que nous vivons. Les entreprises ont besoin de travailler à comprendre les réactions qu'elles rencontrent chez ceux qui travaillent en leur sein, avec leur fierté particulière de métier. Ceux-ci pourront alors retrouver l'enthousiasme lié au sentiment d'être respectés dans leur capacité à faire un « bon travail » et même un « beau travail ». ■

La grande démission « éclairé par la doctrine sociale de l'Église »

par **Pierre-Louis Barthélémy**

Pierre-Louis Barthélémy.

La « grande démission » est certainement le phénomène le plus frappant de ces dernières années dans le monde du travail en Occident. Pierre-Louis Barthélémy propose, à l'aide d'une relecture des grandes encycliques de la doctrine sociale de l'Église, une explication à ce phénomène : tous les acteurs de la vie d'une entreprise ont besoin de sentir qu'ils sont utiles au bien commun de cette entreprise. Or, l'individualisme comme le droit positif ont détruit cette notion de communauté de travail...

LLa crise du sens dans le milieu professionnel est un des thèmes les plus récurrents de l'époque. Les entreprises redoublent d'efforts et d'imagination pour améliorer leur « expérience collaborateur », trouver des « solutions innovantes » afin de conserver la motivation de leur salarié. Autant de mesures regroupées sous le vocable « QVT » (qualité de vie au travail) qui demeurent incapables d'enrayer l'augmentation des épuisements professionnels, qu'on les nomme *burn-out, bore-out* ou autres *out* en tout genre. Comment se fait-il que, à une époque où les conditions de travail n'ont jamais été aussi bonnes, le « mal-être » professionnel soit aussi fort ?

Les techniques ont évolué et les rythmes ont beaucoup changé mais une chose est restée fixe : le besoin de travailler. Un comptable doit toujours faire de la comptabilité, un ouvrier en usine continue d'assurer la production, un ingénieur de faire évoluer la recherche ou d'organiser la production, etc. – et ce, même si les outils ont fait évoluer la manière d'effectuer les tâches. Ce qui s'est modifié, c'est la conception de l'entreprise comme communauté et la place de l'individu en son sein. Sous l'Ancien Régime, quand le noyau de base de la société n'était pas l'individu mais le corps social, le monde professionnel était régi par les guildes et les corporations. Ainsi tous ceux qui exerçaient le même métier se regroupaient et la corporation gérait ce qui relevait du travail, de la fixation des prix, de la rémunération, du commerce de marchandises mais aussi de la dimension sociale et familiale : elles prenaient en charge les aléas de la vie (maladie, vieillesse, famille, funérailles, etc.). Par le biais des corporations, chacun trouvait la reconnaissance de ses pairs, la protection face à son employeur et son soutien en cas d'aléa. Par ailleurs, l'entreprise, rassurée par le gage de qualité et le cadre qu'offrait la corporation, traitait son employé à sa juste valeur.

De la corporation au « chacun pour soi »

La loi Le Chapelier de 1791 vient supprimer ces organisations professionnelles au nom de la liberté d'entreprendre. C'est le début du « chacun pour soi » et la fin d'une protection certaine et d'une reconnaissance sociale assurée à tous les travailleurs. La communauté solidaire devient la société d'individus qu'évoque François Martin dans l'article « Révolution française ou révolution bourgeoise » publié par *Le Nouveau Conservateur* n° 11. Or, cette modification bouleverse la relation employé-employeur. Au départ, le premier Code civil affirme dans son article 1781 qu'en matière de gage et salaire, l'employeur est cru sur sa simple affirmation. Il faudra attendre la loi Waldeck-Rousseau de 1884 pour autoriser les syndicats professionnels, mais aucune organisation de ce type ne recréera les communautés d'antan. Pour autant, l'entreprise n'est pas nécessairement gagnante : dorénavant, pour l'exercice d'un même métier, les tâches et la rémunération diffèrent selon l'employeur, de sorte que la dynamique du monde professionnel s'est inversée en faveur de l'employé, lequel se prend à penser de plus en plus souvent : « puisque je peux trouver des conditions plus favorables avec une autre entreprise, pourquoi ne pas en changer ? »

Comment se fait-il que, à une époque où les conditions de travail n'ont jamais été aussi bonnes, le « mal-être » professionnel soit aussi fort ?

La situation actuelle du monde professionnel avait été entrevue par le Pape Léon XIII. On sait que, dans l'encyclique *Rerum Novarum*, il indique que « le dernier siècle a détruit, sans rien leur substituer, les corporations anciennes qui étaient pour eux une protection. ». Amorce de ce que l'on nommera *Doctrine sociale de l'Église*, fondée sur un socle crucial : revenir à une société dont la base est la communauté, indispensable intermédiaire pour que l'individu s'épanouisse en toute sécurité et développe ses talents.

Le Pape Pie XI écrivait dans *Quadragesimo Anno* : « On ne saurait arriver à une guérison parfaite que si, à ces classes opposées, on substitue des organes bien constitués, des "ordres" ou des "professions" qui regroupent les hommes non pas d'après la position qu'ils occupent sur le marché du travail, mais d'après les branches de l'activité sociale auxquelles ils se rattachent. ». Ainsi, la doctrine sociale de l'Église développe une philosophie des corps intermédiaires qui peuvent, comme le montrent Jean Ousset et Michel Creuzet dans un maître ouvrage publié par *La cité Catholique* en 1962, « *Le Travail* », se distinguer en trois catégories : le corps de métier, le corps d'entreprise, le corps professionnel. Ces corps intermédiaires sont les corps naturels de base, « l'erreur classique (étant) de croire qu'il faille choisir l'un de ces trois termes et rejeter les autres. Les trois sont légitimes. À leur place dans leur sphère, ils sont tous les trois bienfaisants. »

Or, l'évolution actuelle du monde du travail va exactement à l'encontre de la doctrine sociale de l'Église. L'avènement de l'individualisme est patent, mais il n'est pas le seul facteur responsable : le droit positif en est un autre. Le droit naturel est souvent résumé par cette phrase « rendre à chacun sa part » et Aristote développe dans le chapitre 5 de l'*Éthique à Nicomaque* que la part de l'un n'est jamais égale à celle de l'autre, puisque chaque être humain est unique. *Rendre à chacun sa part* signifie également un système de méritocratie et donc de reconnaissance par le corps social qui seul peut dire objectivement les mérites de l'individu. Avec les idées révolutionnaires et l'apparition du code Civil, le droit est devenu « positif ». Tous les êtres humains sont égaux devant une norme, dictée par la représentation nationale et applicable à tous. La notion de « part » disparaît derrière celle de « droit ». Or une même norme peut avoir plusieurs interprétations différentes en fonction de la situation. C'est le rôle de la Cour de cassation qui est contrainte d'établir une jurisprudence (qu'elle change à son gré) pour indiquer la manière dont la norme doit être comprise et appliquée. Pourtant, depuis la liberté d'entreprendre et la suppression des corporations, le nombre de situations différentes a augmenté avec le nombre de création d'entreprises et ce qui peut être appliqué à l'une ne s'applique pas forcément à l'autre. C'est la grande erreur du droit positif. Afin de compenser la pluralité de situations, la représentation nationale édicte toujours plus de normes qui, s'ajoutant les unes aux autres, viennent contraindre les entreprises dans des fonctionnements sclérosés. Plus grave encore, le droit positif en créant les « personnes morales » a supprimé l'entreprise de la propriété de l'entrepreneur. Ce dernier a beau avoir investi du temps, de l'argent, travaillé dur pour que sa création subsiste, elle ne lui appartient plus, elle est une « personne » et, à ce titre, sujette comme une personne physique à des droits et des devoirs indépendamment de l'entrepreneur. *Rerum novarum* rappelle que « la propriété privée est pleinement conforme à la nature » et que « l'État est postérieur à l'homme. Avant qu'il pût se former, l'homme avait déjà reçu de la Nature le droit de vivre et de protéger son existence. »

Le sentiment d'inutilité

Le droit positif a également modifié le comportement des salariés : ils ont des droits et entendent en bénéficier. L'individualisme exacerbé, couplé avec le droit positif, engendre dans les entreprises des situations qui vont à l'encontre du bien de la communauté : désormais, peu importe son utilité ou son mérite tant que l'on obtient gain de cause.

L'individualisme s'est également propagé à la personne morale qui, loin de considérer la personne dans son ensemble, embauche des compétences pour pourvoir un poste. Ne parle-t-on pas d'ailleurs de *soft skills* (compétences de savoir être) et de *hard skills* (compétences professionnelles) ? La personne morale voit autant dans le salarié un atout pour la production qu'un risque social (revendications des droits) ou financier (compétences à remplacer, indemnités à payer, etc.). Les entreprises s'organisent donc pour limiter autant que possible l'impact négatif du salarié et il n'est pas rare d'entendre aujourd'hui des phrases telles que « les irremplaçables : il y en a plein les cimetières ». Qui se sent utile au bien commun dans ces conditions ?

La reconnaissance est devenue le maître-mot : il faut toujours plus de reconnaissance de la part de son chef, de son équipe, etc. pour la moindre tâche accomplie. Pourtant, ce n'est pas une reconnaissance verbale qui est attendue, ni même financière. Preuve en est que celles-ci n'empêchent pas les départs ou épuisements professionnels. C'est bien la reconnaissance de son utilité au bien commun que le salarié recherche. Ce besoin de reconnaissance influe sur la notion même de contrat qui n'a plus le sens d'engagement durable mais plutôt de « faute de mieux ». Les Ressources humaines travaillent à la « rétention des talents », car elles constatent que les salariés sont davantage mobiles et changent régulièrement de poste ou d'entreprise. Un candidat peut faire « jouer la concurrence » auprès de plusieurs entreprises pour obtenir les conditions souhaitées. Peu lui importe la « société », si l'entreprise n'est pas capable de lui proposer l'évolution ou conditions qu'il souhaite, il ira voir ailleurs. Le projet sociétal et l'appartenance à une société n'entrent plus en ligne de compte.

L'Encyclique* Mater et Magistra *affirme que le « travail doit être traité, non plus comme marchandise, mais comme expression de la personne humaine ».

Afin de lutter contre ce détachement des employés vis-à-vis des entreprises, celles-ci ont œuvré pour supprimer la polyvalence de tâches et les postes dit « clés ». Malheureusement, si la décision est stratégique, elle a eu pour effet de créer le sentiment d'inutilité ou de *bullshit jobs* qui participe largement à l'augmentation des mal-être professionnels. Pourtant, la « marque employeur » est devenue omniprésente dans les process et fonctions RH. Toute entreprise se doit d'avoir un volet *responsabilité sociale et environnementale*, des politiques de *diversité*, d'*inclusion*, etc. On finance des séminaires, des *team-building*, des *afterworks* pour essayer de créer du lien et prouver ainsi que telle entreprise propose des « activités géniales » pour ses salariés. Les mutuelles et prévoyances ou les comptes et plans d'épargne sont autant de dispositifs déployés par les entreprises pour tenter de se substituer aux fonctions des anciennes corporations. Toutefois, en accédant à la bien-pensance et à la culture de l'annulation *(wokisme)*, les entreprises suppriment l'individu dans sa particularité. Il est impossible de dire ce que l'on pense sous peine de sanction, notamment si les propos expriment un point de vue différent concernant des sujets comme la mixité professionnelle, le lobby LGBT ou l'ethnicité. Les entreprises s'acharnent par des *formations* et des *opérations de communication* à faire accepter ces idéaux « sociétaux ». En imposant une pensée unique, les entreprises agissent pour réduire l'Homme à ses compétences, ce qui revient à le supprimer.

L'Homme supprimé

Or, les personnes souffrant d'épuisement professionnel sont généralement des personnes qui se sont données dans leur travail, n'ont pas compté leurs heures et supportaient une pression largement favorisée et entretenue par l'intrusion au domicile privé que permet la technologie, mais dont le mérite (la part qui lui revient) n'a pas été reconnu. L'Homme n'est pas fait pour évoluer seul, il est un animal social et a besoin de la reconnaissance de ses pairs en tant qu'individu, du sentiment de son utilité pour la société. Quand on interroge une personne qui a fait un *burn-out*, ce n'est généralement pas à cause de la charge de travail mais bien à cause d'un don de soi non valorisé ni reconnu que l'épuisement est survenu.

Plusieurs voix s'élèvent contre les dérives actuelles du fonctionnement des entreprises, notamment celle de Julia de Funès, petite fille de l'acteur mais surtout philosophe, qui a beaucoup écrit contre la pensée *woke* en entreprise et fustige les actions pour le « bonheur au travail » ou encore la création de postes « fictifs » comme les *chief happiness officers* (responsables du bonheur). Julia de Funès porte également de fortes critiques sur la mise en place de surcouches managériales appelées management intermédiaire qui « déresponsabilisent », selon elle, le salarié et tendent à supprimer son autonomie. Or justement, Jean XXIII dans son encyclique *Mater et Magistra* insiste sur la « possibilité d'engager leur responsabilité et de se perfectionner eux-mêmes, là où ils exercent leur activité productrice ».

En 2023, la BPI constatait une augmentation du nombre d'entrepreneurs. Qu'est-ce qui pousse tous ces hommes et femmes à prendre le risque de perdre leur carrière, leur confort et leur rémunération pour éprouver chaque jour la peur de l'avenir, sinon la soif de créer une communauté dans laquelle ils seront reconnus ? Ce qu'ils veulent avant tout, c'est que le travail devienne une expression d'eux-mêmes.

S'il y a convergence de vues avec Julia de Funès sur certains sujets, elle considère cependant comme un « enjeu fondamental » « d'agir politiquement, socialement, économiquement, sur une répartition plus juste des tâches familiales et ménagères pour la liberté des femmes » (« Égalité femmes-hommes : le piège des quotas », article paru le 24 avril 2023 dans les *Échos*) contribuant ainsi à la volonté de ce siècle de détruire les schémas d'un passé supposé nocif. Elle ne considère pas non plus le travail comme une valeur morale et se réjouit que le travail soit aujourd'hui un moyen pour profiter de la vie : vision doloriste du travail qui le considère avant tout comme une souffrance – comme déjà le faisait Marx. Il en découle la vision que résume ainsi Pierre-Yves Gomez : subir pendant ses années de carrière professionnelle et, une fois à la retraite, bénéficier de cette rente et « profiter de sa vie ». Autant de conceptions qui s'inscrivent en contradiction du message de *Mater et Magistra* qui affirme que le « travail doit être traité, non plus comme marchandise, mais comme expression de la personne humaine ».

Seul remède : s'exprimer par le travail

Le 16 novembre 2023, la BPI [Banque Publique d'Investissement] constatait une augmentation du nombre d'entrepreneurs, indiquant que désormais « 1 Français sur 3 participe à la chaîne entrepreneuriale ». La crise du COVID eut au moins le mérite de mettre en lumière la profondeur du sentiment d'inutilité. Lorsque la France s'est confinée, ce ne sont pas les ouvriers, les conducteurs, les agriculteurs, etc. qui se sont arrêtés, ce sont les chefs de projets, les responsables RSE, les responsables du bonheur ou responsables process que l'on a mis en chômage partiel et en télétravail. Cette crise mit en évidence le superflu de confort dans le fonctionnement des entreprises : une voiture a besoin de 4 roues et d'un moteur, pas du GPS, du Bluetooth et autres options de confort. Il en découle le phénomène de la « grande démission » : un employé d'une Chambre des Métiers indiquait en 2022 qu'avant le COVID, il accompagnait 150 repreneurs ou créateurs d'entreprise par an dans son département ; depuis le COVID 350 : trois fois plus !

Or, qu'est-ce qui pousse tous ces hommes et femmes à prendre le risque de perdre leur carrière, leur confort de travail, leur rémunération, d'éprouver chaque jour la peur de l'avenir, sinon la soif de créer une communauté dans laquelle ils seront reconnus, dont les mérites seront reconnus par leurs clients et par le bon fonctionnement de leurs entreprises ? Ce qu'ils veulent avant tout, c'est que le travail devienne une expression d'eux-mêmes. ■

> « Quant aux riches et aux patrons, ils ne doivent point traiter l'ouvrier en esclave; il est juste qu'ils respectent en lui la dignité de l'homme, relevée encore par celle du chrétien. Le travail du corps, au témoignage commun de la raison et de la philosophie chrétienne, loin d'être un sujet de honte, fait honneur à l'homme, parce qu'il lui fournit un noble moyen de sustenter sa vie. Ce qui est honteux et inhumain, c'est d'user de l'homme comme d'un vil instrument de lucre, de ne restituer qu'en proportion de la vigueur de ses bras. »
>
> *(Léon XIII, Rerum novarum)*

Un droit du travail inadapté à l'ère numérique

« Plateformisation » du travail et déshumanisation de l'homme

par **Francis Jubert**

Francis Jubert.

Le confinement, pendant la crise du Covid, a jeté une lumière crue sur une évolution majeure de notre époque : l'arrivée massive des techniques numériques dans la vie des entreprises, notamment par le biais du télétravail. Depuis quelques années, les entreprises réfléchissent à adapter le droit du travail à cette nouvelle situation, mais il reste encore beaucoup à faire pour éviter que la digitalisation de la vie économique n'entraîne un asservissement de l'homme à la machine. Francis Jubert, docteur en philosophie et ancien dirigeant d'entreprises dans l'univers du numérique, propose des pistes de réflexion sur cette évolution contemporaine.

« Le travail est malade » ; « l'orientation individualiste du droit du travail » est un facteur aggravant ; « certaines formes d'organisation du travail sont nocives en elles-mêmes » comme celles qui favorisent la « déshumanisation » de l'animal *laborans*, voire son asservissement, par exemple à des processus automatisés laissant se répandre dans les organisations cette fâcheuse habitude de « concevoir des objets pour la capacité opérationnelle de la machine » (Hannah Arendt), abstraction faite de l'homme qui l'a conçue.

Le colloque parrainé par *Le Nouveau Conservateur* qui s'est tenu le 1er février dernier, précisément sur ce thème de « L'avenir du travail » et dont les actes seront publiés prochainement a permis de prendre la mesure de ce phénomène et donné l'occasion aux différents intervenants, qu'ils soient entrepreneurs, salariés, syndicalistes ou encore universitaires, de mettre des mots sur ces maux dont souffre aujourd'hui le travail.

La déshumanisation croissante du travail qui s'opère malheureusement sous nos yeux avec le développement simultané de la robotisation et de l'ubérisation (parler en terme de « plateformisation » serait plus exact) survient lorsque plusieurs des aspects humains de l'emploi – ceux qui en constituent le caractère valorisant, tels que le respect de la dignité du travailleur, indépendant ou salarié, de son intégration dans une communauté de travail, de la préservation du lien social –, sont relégués au second plan, au profit d'objectifs économiques et organisationnels qui poussent au développement de situations de travail où l'homme n'a plus sa place.

La désertion des cadres

Comment s'étonner dans ces conditions que les cadres qui étaient au cœur du réacteur et qui, par un dévouement sans faille, suppléaient à toutes les carences du système fassent désertion, n'accordent plus leur confiance à l'organisation. Ils désertent aujourd'hui la grande entreprise pour se lancer dans l'aventure de l'entreprise individuelle, en solo bien souvent, prenant le risque d'une moindre protection sociale, tout en sachant qu'ils y gagneront en liberté et en qualité de vie.

Dans de nombreuses organisations, notamment industrielles, grandes ou petites, les hommes qui y travaillent sont en effet trop souvent perçus comme de simples « ressources » que l'on mobilise pour atteindre des objectifs de productivité, plutôt que comme des sujets de droits jouissant d'une protection légale et de garanties assurant leur bien-être et leur dignité, où qu'ils travaillent.

La souplesse dans l'organisation du travail peut offrir des avantages en termes d'équilibre entre vie professionnelle et vie personnelle, mais elle peut aussi contribuer à sa déshumanisation en brouillant les frontières entre vie professionnelle et vie privée.

Du fait de l'automatisation croissante des processus de travail (l'Usine 3.0) et de l'utilisation des technologies les plus avancées comme ChatGPT qui nous ouvrent sur un nouveau monde auquel il faudra bien s'adapter, que nous le voulions ou non, les interactions humaines passent naturellement au second plan, la priorité revenant aux efforts de rationalisation et à la recherche de l'efficacité.

Les impératifs de rentabilité et de compétitivité sans cesse revus à la hausse peuvent conduire à une focalisation excessive sur les résultats financiers au détriment du bien-être des hommes au travail, voire de leur santé (fortes pressions pour atteindre, dans un temps contraint, des objectifs irréalistes).

Dans certains secteurs d'activité, des tâches trop répétitives ou exclusivement procédurales, *a fortiori* si elles sont dénuées de sens, déconnectées des valeurs personnelles ou spécifiques à un métier, peuvent entraîner un sentiment de désengagement vis-à-vis du travail et de la mission.

Quant à la souplesse dans l'organisation du travail, elle peut offrir des avantages en termes d'équilibre entre vie professionnelle et vie personnelle, mais elle peut aussi contribuer à sa déshumanisation en brouillant les frontières entre vie professionnelle et vie privée. Les « télétravailleurs », richement dotés en outils numériques de toutes sortes, peuvent se retrouver connectés en permanence, sans véritable pause ou temps de récupération, et voir leur habitat privé transformé en annexe de l'entreprise.

Face à toutes ces mutations (du travail, des outils de travail, des conditions de travail elles-mêmes), nous avons le choix entre la résignation ou la reprise en main de notre destin. À l'heure du développement de l'intelligence artificielle et des plates-formes numériques, sommes-nous condamnés à être au service des machines ou pouvons-nous, au contraire, les mettre à notre service ?

Maîtriser la numérisation

On n'empêchera pas la vague numérique de traverser nos existences, individuelles ou collectives. Soit nous surfons sur cette vague de la « numérisation » généralisée de l'économie, acceptant les codes qui sont ceux du travail au XXIe siècle, soit nous deviendrons au fil du temps les laissés-pour-compte d'un progrès qui n'est pas forcément synonyme de déshumanisation, si nous nous donnons la peine de nous y adapter.

Dès l'instant que nous avons pris conscience des risques mortels que nous courrions à ne rien faire, nous comprenons qu'il y a urgence à se doter d'un ensemble de règles qui viendraient intelligemment et avec souplesse encadrer ces activités hybrides où l'homme et la machine ont partie liée. Pour le dire autrement, il est impératif de repenser à nouveaux frais le droit social, qui est aussi inadapté aux conditions de travail à l'ère numérique qu'il est devenu illisible – en un mot lui redonner un supplément d'âme.

Le droit social ne répond pas encore complètement à la logique du XXIe siècle : il doit s'adapter à un monde du travail qui certes se réindustrialise, mais qui est surtout devenu un monde où le numérique a pris une place prépondérante et offre des possibilités hier encore inimaginables.

Désormais, chacun peut délocaliser son poste de travail (via le télétravail notamment) ou encore s'affranchir des barrières géographiques (via des plateformes de travail collaboratif ou de formation à distance par exemple).

Ceux qui sont nés avec internet, les « digital natives », sont très à l'aise avec la transformation numérique du monde du travail, ils sont à la recherche d'outils et d'usages toujours plus mobiles mais sont aussi, quel que soit leur degré d'autonomie, demandeurs d'un droit englobant leurs différentes formes d'activité qui soit suffisamment protecteur et suffisamment souple pour ne pas brider l'émergence de cet entrepreneuriat à plus ou moins haute valeur ajoutée auquel ils aspirent.

Les entreprises, de leur côté, vont devoir s'adapter pour répondre aux attentes de cette génération hyperconnectée, faute de quoi elles n'arriveront pas à attirer vers elles ces nouveaux talents. Les plus à la pointe ont élaboré avec leurs jeunes collaborateurs des chartes, enrichies régulièrement, qui fixent les bonnes pratiques de travail à distance, rappelant par exemple quelles sont les modalités de mise en place du télétravail, sa durée, les modalités de refus par l'employeur, etc. Certaines de ces entreprises ont décidé de verser une allocation annuelle dite de télétravail pour permettre à leurs salariés d'améliorer leur cadre de travail à domicile.

Toutes devront veiller à offrir à leurs collaborateurs un « numérique humain » (Guy Mamou-Mani). Si le droit du travail reste demain aussi inadapté qu'il l'est aujourd'hui aux technologies du futur et si des limites ne sont pas rapidement fixées pour contenir leur déferlement, notre vie deviendra vite inhumaine, comme ces deux dernières années d'assignation à résidence pour cause de pandémie de la population française, notamment laborieuse, l'ont montré.

Les évolutions du droit du travail

Heureusement pour les personnes concernées, certaines dispositions du droit du travail français permettent d'ores et déjà de préserver leur intimité et surtout de ne pas voir le travail empiéter de manière dommageable sur leur vie de famille. Le « droit à la déconnexion » est de ce point de vue une avancée majeure : il garantit la possibilité de se déconnecter de ses outils numériques en dehors des heures de travail, sans pour autant régler celui de l'organisation pratique du temps de travail réalisé à domicile.

Le droit actuel reste en effet flou sur la manière de contrôler sans intrusion les différentes formes de travail à distance et le temps que nous leur consacrons (management à distance, revues de littérature, formation). La tentation peut être grande en effet de la part de l'employeur d'exercer une forme de « contrôle social » sur le déroulement de tâches exécutées par des collaborateurs à distance, pour s'assurer de la bonne réalisation des objectifs assignés et vérifier la qualité du travail.

Les outils de communication permettent d'assurer, même à distance, une coordination efficace. De même, des mesures de suivi de la productivité peuvent a priori être mises en place. Encore faut-il que ces contrôles soient exercés de manière raisonnable. Sans doute faudrait-il être plus explicite pour mieux garantir le droit à l'autonomie et à l'intimité sans tomber dans l'excès inverse qui priverait de tout lien organique le télétravailleur et lui ferait courir les risques inhérents à un isolement prolongé.

Que le télétravail soit partiel ou total, plusieurs questions restent pendantes. Du côté des employeurs, on se demandera si et comment il est possible de conserver de la visibilité sur le travail des équipes et, du côté des salariés, pourquoi on vient travailler au bureau et quel est le nombre optimal de jours de travail en présentiel. Aucune étude sérieuse ne le prescrit (les accords de télétravail sont en général limités à deux jours par semaine maximum).

Nombre d'entreprises pointent en revanche déjà les limites du travail à distance : difficulté d'intégration des nouveaux entrants, perte de lien social au sein des communautés de travail, impact sur les capacités d'innovation, difficulté de déconnexion. La surcharge de travail mérite une mention spéciale : cette notion qui intègre aujourd'hui les notions de « charges physiques et nerveuses » prend en compte la surcharge informationnelle et l'augmentation de l'amplitude des journées de travail auxquelles les salariés sont désormais exposés.

La France a été récemment condamnée par le comité social du Conseil de l'Europe pour non-conformité de sa législation sur le temps de travail. Le « travail dissimulé » des cadres semble être dû à la connexion permanente de ces derniers, favorisée de nos jours par les outils digitaux.

Cela montre l'étendue du travail à fournir pour aligner droit du travail et vie numérique. ■

L'autorité suprême de l'État devrait donc laisser des groupes subordonnés s'occuper de questions et de préoccupations de moindre importance, ce qui, autrement, dissiperait considérablement ses efforts. Ainsi, l'État fera plus librement, plus puissamment et plus efficacement toutes les choses qui lui appartiennent, car lui seul peut les faire : diriger, surveiller, inciter, restreindre, selon que l'occasion l'exige et que la nécessité l'exige. C'est pourquoi ceux qui sont au pouvoir doivent être assurés que plus un ordre gradué sera parfaitement maintenu entre les diverses associations, dans le respect du principe de la « fonction subsidiaire », plus l'autorité et l'efficacité sociales seront fortes, plus la situation de l'association sera heureuse et prospère.

(SS le Pape Pie XI, Quadragesimo anno)

L'individualisme tuera-t-il le contrat de travail ?

De l'ubérisation à la communauté de travail

par **Jean-Frédéric Poisson**

Jean-Frédéric Poisson.

Parmi les évolutions contemporaines du travail, l'une des plus importantes est son « ubérisation » et le développement de la « flexibilité », couplée à une marchandisation universelle. Cela entraîne-t-il nécessairement la fin du salariat, cent fois annoncée ? Pas nécessairement, répond Jean-Frédéric Poisson, président du parti politique d'inspiration chrétienne Via, à la fois praticien des ressources humaines et parlementaire particulièrement actif sur ces questions à l'Assemblée : le besoin d'action collective demeure et continue à s'opposer à cette ubérisation…

La marchandisation universelle nous a habitués, spécialement depuis les années 1980, à ne regarder le travail que comme une marchandise. L'apparition, dans les pays occidentaux, du chômage structurel de masse favorise évidemment ce regard, soutenu par la vision libérale de l'économie qui s'est confortablement installée. Le travail dans sa dimension première, c'est-à-dire anthropologique, n'est plus vraiment pris en compte. Il n'est plus guère évoqué que sous le regard de « l'emploi », c'est-à-dire la situation dans laquelle une demande de travail rencontre une offre et se traduit par une rémunération contractuelle.

Ainsi, le travail comme vocation et sa puissance symbolique sont-ils désormais largement absents du débat public. Le travail est réduit à une de ses dimensions, certes fondamentale, à savoir sa conséquence qu'est le salaire. Dans cette perspective, la seule valeur du travail serait sa capacité à produire de la richesse, pour celui qui travaille comme pour l'entreprise qui en bénéficie. À quoi bon se poser des questions au-delà de cette réalité monétaire ?

Le travail réduit à sa conséquence salariale

Cette réduction du travail à sa dimension financière est nouvelle. Le mouvement social à sa naissance au XIXe siècle était largement orienté contre les méfaits du capitalisme industriel, dont l'exploitation des travailleurs était une marque de fabrique. L'Église, à travers ses documents officiels et l'engagement des inventeurs du christianisme social, avait également participé à ce mouvement de contestation, spécialement les encycliques des papes Léon XIII en 1891 dans *Rerum Novarum*, texte fondateur de la doctrine sociale de l'Eglise, et Pie XI en 1931 dans *Quadragesimo Anno*. Il s'agissait alors de constituer progressivement le collectif de travail appuyé par le droit, chargé entre autres choses, de garantir le respect des personnes au travail et la distribution d'une juste rémunération.

Ce mouvement aboutira entre autres choses à la création du Code du travail. À quelques années d'intervalle, deux députés avaient appelé de leurs vœux la création d'un droit nouveau, chargé d'apporter ces garanties. « On semble craindre d'aborder les grandes discussions qui soulèveront les questions du travail. Nous pensons que le devoir du législateur doit être plus vaste, il doit examiner et résoudre les problèmes posés : il doit grouper les textes épars, modifier les textes anciens pour les faire concorder avec les besoins de notre époque et en former un corps de lois qui soit clair et précis. [...] De même que nous avons un code de commerce qui règle les rapports des commerçants, un code rural qui règle les rapports des agriculteurs, nous demandons un code du travail qui règle les rapports des travailleurs et de leurs employeurs », déclarait Arthur Groussier, député socialiste, le 14 mars 1886. Près de deux décennies plus tard, son collègue conservateur Charles Benoist, déclarait : « Messieurs, il y a – nul à présent ne saurait le nier – une question sociale. [...] Si le code civil n'est en quelque sorte que le code de la propriété, s'il n'est que la Révolution de 1789 légalisée, régularisée, organisée, pourquoi n'essaierait-on pas de légaliser, de régulariser d'organiser à son tour cette seconde révolution qui, plus lente, plus diffuse, moins sensible, moins visible, n'est pourtant ni moins certaine, ni moins profonde que l'autre ? En un mot, puisqu'il y a un code de la propriété, pourquoi n'y aurait-il pas un code du travail » (Journal officiel, 13 janvier 1903).

La dimension collective du travail semble avoir totalement disparu des réflexions contemporaines.

Cette double orientation, donner au travailleur des droits individuels et une capacité d'action collective, guida la législation française du travail pendant plus d'un siècle, rythmée par quelques événements fondateurs, dont on peut risquer ici une liste incomplète :

- 1881 : le travail des enfants de 6 à 12 ans est empêché par la scolarisation obligatoire ;

- 1884 : la loi Waldeck-Rousseau supprime les lois de la Révolution française qui avaient interdit les syndicats ;

- 1906 : le ministère du Travail est créé ;

- 1910 puis 1912 : le Code du travail est créé comme une compilation du droit existant ;

- 1919 : le Bureau international du travail est créé, au cœur des traités de paix issus de la Première Guerre mondiale ;

- 1936 : les lois du Front Populaire instaurent, entre autres choses, les congés payés ;

- 1968 : accords de Grenelle ;

- 1982 : les lois Auroux renforcent le dialogue social dans l'entreprise…

D'autres décisions réglementaires et législatives ont abouti à donner toujours davantage de poids aux représentants des partenaires sociaux (patrons comme salariés) dans la création de la norme sociale. Le mouvement est toutefois plus tardif : c'est seulement sous le Front Populaire que les organisations syndicales obtiennent le droit de négocier des accords collectifs. Cette capacité sera sans cesse renforcée par la suite. Dans la période récente, le législateur, aiguillonné par les partenaires sociaux, n'a cessé, depuis la loi de 2006[1] jusqu'aux ordonnances « travail » du premier quinquennat Macron[2], de donner aux organisations patronales et de salariés des droits accrus en matière de création de la norme sociale. On peut considérer que les lois actuelles donnent trop de place à la négociation d'entreprise. Il n'en reste pas moins que les circonstances économiques, la diversité et la brutalité de la concurrence rendent, dans de nombreux cas, la rigidité législative incompatible avec la situation concrète des entreprises. Prenons pour exemple la question du temps de travail : seuls les accords locaux peuvent l'aménager de manière adaptée, compte tenu des contraintes des travailleurs saisonniers, du travail de nuit, des amplitudes horaires, du décalage horaire (pour les entreprises internationales s'entend), pour ne citer que ces quelques circonstances. Les entreprises et les salariés ont désormais la possibilité de procéder aux aménagements nécessaires en toute légitimité et légalité. Cette plus grande place laissée aux décideurs locaux, dont la contrepartie est une moindre puissance des accords de branche, marque aussi la volonté de « décentraliser » la création de la norme sociale, et donc le droit du travail : une forme d'individualisation du droit de créer du droit, en quelque sorte, même si le cadre législatif demeure, en l'espèce, indépassable. Au point que, forts de cette évolution, quelques mouvements syndicaux ont pu revendiquer que les accords nationaux interprofessionnels (signés par les partenaires sociaux) puissent bénéficier du même poids que la loi et que cette égalité soit garantie par la Constitution. Cette revendication n'a jamais dépassé le stade d'une demande, mais elle dit bien quelle place a acquise dans notre pays ce que l'on appelle, certainement à tort, la « démocratie sociale ».

[1] La loi dite « Larcher », actuel Président du Sénat et Ministre du travail en 2006, impose aux pouvoirs publics de consulter les partenaires sociaux avant toute modification du Code du travail.

[2] Les ordonnances Pénicaud (nom du Ministre du travail en poste alors) installent un ensemble assez large de questions sur lesquelles les accords d'entreprise peuvent déroger aux accords de branche.

Ainsi, le développement de la législation sociale en France depuis cent cinquante ans est-il marqué par un double mouvement, presque « dialectique » : l'affirmation des droits individuels des salariés, en même temps que la constitution progressive de leur pouvoir collectif d'action. Ce fragile équilibre était sans doute nécessaire, dans la mesure où la logique libérale s'imposant progressivement, la ligne politique dominante visait tout de même à réduire le poids de l'Etat et le pouvoir de la loi dans les relations sociales. Le pouvoir collectif des partenaires sociaux était le seul moyen de fournir, dans ce contexte, une protection suffisante aux salariés.

Retour en force de l'individu

Les années 2010 marquent le « retour en force » de l'individu dans la détermination des lois du travail. Les évolutions qui marquent beaucoup d'organisations ont favorisé l'émergence de revendications très individuelles. Nous en prendrons trois exemples récents :

- l'irruption massive du télétravail, accéléré par la crise de la Covid, mais dont les principes comme la pratique étaient acquis bien avant le démarrage de la crise sanitaire ;

- la légalisation du droit à la déconnexion, devenu nécessaire compte tenu de l'emprise des technologies sur la vie des salariés ;

- la reconnaissance progressive, lente, mais effective des risques psychosociaux et de leur lien avec le monde professionnel.

Ces trois mesures vont dans le sens d'une affirmation plus marquée des droits individuels et de leur déclinaison au sein d'une organisation de travail.

Le télétravail vise à une meilleure qualité de vie du salarié, en réduisant ses temps de transport hebdomadaire, en espérant ainsi augmenter sa productivité horaire et parfois même économiser des mètres carrés de bureaux.

Le droit à la déconnexion est venu sanctuariser le temps hors temps de travail, en le déclarant indisponible pour l'employeur. Tant il est vrai que, dans de nombreuses entreprises, on ne connaissait pas réellement la notion que les Américains appellent *after hours*. Ce mépris de la séparation indispensable entre la vie professionnelle et la vie privée conduisait à des situations de harcèlement insupportables pour les salariés et par ailleurs absolument inefficaces (à long terme en tous cas) pour les entreprises. La reconnaissance des risques psychosociaux en entreprise a également pris beaucoup de temps. La question n'est pas celle de la réalité de ces pathologies ni de leur fréquence. C'est celle de leurs causes. De manière caricaturale, on pourrait dire que, dans le dialogue entre le patronat et les syndicats de travailleurs, les positions sont les suivantes : le patronat prétend que l'entreprise n'est jamais responsable de rien, quand les salariés affirment qu'elle est responsable de tout. On est souvent assez loin de la nuance indispensable pour traiter ce genre de questions.

L'émergence de ces trois sujets dans les débats sociaux est une marque forte de l'impact de l'individualisme sur le monde du travail. En effet, chacune de ces dimensions porte la marque de l'isolement dont souffrent aujourd'hui beaucoup de salariés dans nos organisations. Malheureusement, elles sont le plus souvent traitées dans leurs effets que dans leurs causes.

Le télétravail nourrit cet isolement, au point que de nombreux managers aujourd'hui se demandent s'il est réellement compatible avec le travail en équipe, la transmission de savoir-faire et donc le maintien des compétences au sein des organisations, sans compter que l'on n'apprend pas à diriger une équipe par correspondance. Quel genre de cadres seront demain les jeunes qu'on envoie aujourd'hui massivement travailler chez eux ?

Les causes professionnelles des pathologies psychologiques, quant à elles, sont multiples et connues : conflit de valeurs, organisations déshumanisantes, perte du cœur de métier, pressions managériales constantes, humiliation et harcèlement, etc. Il est clair qu'aucune organisation, même la plus vigilante et la mieux structurée, n'est à l'abri d'accidents de ce genre. Mais reconnaissons que l'affaiblissement du collectif de travail a favorisé, dans la dernière période, l'installation non plus accidentelle mais habituelle de l'un ou l'autre de ces facteurs. Il fallait protéger les travailleurs contre les évolutions néfastes du monde : respecter sa dignité au-delà ou alentour des questions liées à la seule rémunération.

Tout étant « marchandisable » dans notre monde moderne, on demande au travailleur toujours plus de flexibilité sans entendre ses légitimes demandes de stabilité, d'enracinement et d'action collective.

Ainsi, l'individualisation comme marque de l'évolution de la règlementation du travail ne va pas nécessairement dans le sens univoque de l'intérêt du salarié. Du reste, le détachement des salariés par rapport au collectif de travail, qu'il soit provoqué ou simplement « traité », pourrait avoir à terme des conséquences sur l'existence du salariat lui-même.

La fin du salariat ?

En effet, l'idée de la fin du salariat n'est pas morte. Nathalie Kosciusko-Morizet, ancien ministre et candidate à la primaire présidentielle de la droite et du centre en 2016, l'avait reprise à son compte comme une de ses idées phares. Elle pensait, comme tous ses défenseurs, que la fin du salariat était la seule voie possible de fournir un revenu suffisant à l'ensemble de la population. Elle rejoignait également l'ancien ministre Hervé Novelli, « inventeur » de l'auto-entrepreneur, persuadé quant à lui que l'objectif d'un million d'auto-entrepreneurs était raisonnable et bénéfique pour notre économie.

Cette vision très flexible de la production de richesses ressurgit de manière régulière, plus ou moins discrète, avec d'autant plus d'impact que tout est marchandisable dans notre monde, où l'on demande aux personnes une flexibilité toujours plus grande. D'ailleurs, les principales évolutions du droit du travail, en ce qui concerne le contrat, portent sur une flexibilité accrue, à son début comme à sa fin, cela depuis la loi de 2008 sur la rupture conventionnelle jusqu'à la loi El Khomry de 2016.

L'ubérisation croissante en est un autre signe. Ce modèle économique repose sur un fonctionnement simple. Une plate-forme met en contact un utilisateur et un prestataire de service ; la plate-forme encaisse le paiement de la prestation, se rémunère d'un pourcentage très élevé et verse le reste au prestataire sous forme de commission. Beaucoup y ont vu une forme d'eldorado : l'alliance magique de la richesse et de la liberté, avec peu d'investissements et des charges réduites. Quelques années plus tard, les chauffeurs de VTC se mettaient en grève afin d'obtenir le droit à des congés payés…

On peut penser que la fin du salariat n'est pas pour demain. Ne perdons pas de vue qu'un nombre de plus en plus important de personnes est employé en France par ce genre de dispositif et que notre pays compte aujourd'hui plusieurs centaines de milliers d'auto-entreprises, dont une minorité déclare son chiffre d'affaire et une proportion sensiblement plus faible parvient à fournir des revenus suffisants.

Plus important sera le nombre des personnes en situation socialement fragile à vouloir entrer dans le marché du travail, plus ce genre de contrat aura vocation à se substituer au contrat de travail classique. Plus le monde du travail aura appris à fonctionner sans collectif de travail et les travailleurs pris l'habitude d'œuvrer seuls la majorité de leur temps, plus cet isolement deviendra la règle. Qu'il soit humainement et, par conséquent, socialement coûteux n'a pas d'importance aux yeux de bon nombre de décideurs, du moment qu'il est moins onéreux. Il est probable que personne ne prononce jamais dans la loi la fin du salariat. Mais il est tout aussi possible que la pratique finisse par l'affaiblir à un point tel que le seul monde salarial ne soit plus en mesure de soutenir financièrement notre modèle social.

Le travail est au fond le lieu concret des grands équilibres humains : entre la vocation personnelle et le projet collectif de l'entreprise, le besoin de reconnaissance de la dignité et la nécessité d'obéir, la juste rémunération du salarié et le maintien de la capacité de l'entreprise à créer des richesses, la sécurité et l'équilibre de la vie du salarié et la flexibilité de l'organisation ainsi que sa performance, etc. Le contrat de travail et les droits qui y sont attachés sont le signe de cette volonté d'équilibre (en principe au moins). Le salaire, comme sanction du contrat, est seul à même de garantir à la majeure partie de la population active la permanence et la protection qui y sont attachées. Il est, comme notre modèle social dans son ensemble, à préserver et à défendre, dans l'intérêt de ceux qui en ont le plus besoin. C'est, en définitive, pourquoi je ne crois pas aux vieilles lunes de la « fin du salariat » ! ■

Le travail, une étrange « marchandise »

Le juste salaire contre la loi de l'offre et la demande

par **Guillaume de Thieulloy**

Guillaume de Thieulloy.

La Révolution, en refusant d'envisager d'autres relations humaines que des contrats révocables, a profondément modifié les relations sociales. On sait que ce contractualisme l'a conduite à supprimer les corporations sans les remplacer par autre chose que la loi de l'offre et de la demande. Pourtant, le travail, disent les Papes avec une remarquable constance, n'est pas une marchandise comme les autres. Il est si lié à la nature humaine que l'on ne peut le « vendre » ou l'« acheter », sans prendre en compte le travailleur, personne humaine d'une éminente dignité. Dans cet article, Guillaume de Thieulloy, docteur en sciences politiques, propose quelques pistes de réflexion, tirées de la doctrine sociale de l'Église, sur les mutations contemporaines du travail…

S'il existe une constante de la doctrine sociale de l'Église depuis Léon XIII, elle réside bien dans l'idée que le travail n'est pas une « marchandise » comme une autre. L'une des phrases-clés de *Rerum novarum*, la célèbre encyclique de Léon XIII, rédigée en 1891, disait clairement :

« Que le patron et l'ouvrier fassent donc tant et de telles conventions qu'il leur plaira, qu'ils tombent d'accord notamment sur le chiffre du salaire. Au-dessus de leur libre volonté, il est une loi de justice naturelle plus élevée et plus ancienne, à savoir que le salaire ne doit pas être insuffisant à faire subsister l'ouvrier sobre et honnête. Si, contraint par la nécessité ou poussé par la crainte d'un mal plus grand, l'ouvrier accepte des conditions dures, que d'ailleurs il ne peut refuser parce qu'elles lui sont imposées par le patron ou par celui qui fait l'offre du travail, il subit une violence contre laquelle la justice proteste. » On ne pouvait guère dire plus nettement que la loi de l'offre et la demande ne pouvait régler à elle seule ce que l'on appelle abusivement le « marché du travail ».

Cent ans plus tard, dans l'encyclique précisément intitulée *Centesimus* annus, publiée par Jean-Paul II, ce dernier commentait en ces termes les conditions de vie à la fin du XIXe siècle :

« Ainsi, le travail devenait une marchandise qui pouvait être librement acquise et vendue sur le marché et dont le prix n'était établi qu'en fonction de la loi de l'offre et de la demande, sans tenir compte du minimum vital nécessaire à la subsistance de la personne et de sa famille. De plus, le travailleur n'était pas même certain de réussir à vendre sa "marchandise" et il se trouvait constamment sous la menace du chômage, ce qui, en l'absence de protection sociale, lui faisait courir le risque de mourir de faim. »

Existe-t-il un marché du travail ?

Cela n'empêche certes pas les textes de la doctrine sociale de l'Église d'évoquer régulièrement, comme la plupart de nos contemporains, l'existence d'un « marché du travail ». Mais, tout aussi régulièrement, les papes rappellent que le travail n'est pas une marchandise comme une autre – ne serait-ce que par les guillemets que Jean-Paul II ajoutait, dans la citation ci-dessus, au mot « marchandise » pour désigner le travail.

D'où vient cette réserve à l'égard de la notion même de « marché du travail » ? Tout simplement du fait qu'un marché est un lieu où l'on vend des marchandises et une marchandise, si l'on en croit le dictionnaire, « se dit de tout ce qui se vend et se débite, en gros ou en détail » (Quillet). Il serait pour le moins incongru de le dire d'un homme. Il a certes existé des marchés aux esclaves, mais précisément ils supposaient que lesdits esclaves n'étaient plus vraiment des êtres humains, privés qu'ils étaient de l'une des plus fondamentales caractéristiques de l'humanité : la liberté, conséquence de la réalité spirituelle de l'homme. Certes, le marché du travail ne « réifie » pas autant le travailleur qu'un marché aux esclaves, mais l'on entend ainsi aisément comment le problème se pose : il est possible de vendre une force de travail – et, en ce sens, la notion de « marché du travail » a une signification légitime – mais il n'est pas possible de mépriser à ce point la dignité du travailleur que la valeur de son travail tende vers zéro sous le seul effet de la loi de l'offre et de la demande. De cela découle l'imposant corpus théorique relatif au « juste salaire ». Naturellement, toute la difficulté consiste en ce que l'application concrète de ces principes relève de la pratique et donc de la vertu de prudence (il est évidemment impossible de déterminer abstraitement le « juste salaire » d'un employé sans connaître les conditions économiques du pays, les ressources de l'entreprise et la vie de cet employé).

Ainsi, le travail devenait une marchandise qui pouvait être librement acquise et vendue sur le marché et dont le prix n'était établi qu'en fonction de la loi de l'offre et de la demande, sans tenir compte du minimum vital nécessaire à la subsistance de la personne et de sa famille.

Au passage, cela explique pourquoi les réflexions sur la doctrine sociale de l'Église paraissent si souvent éloignées de la réalité : cette doctrine ne donne que les principes généraux ; c'est aux hommes à appliquer les principes dans leurs conditions concrètes d'existence, et ce ne sont pas les papes qui les appliquent, mais bel et bien les acteurs de la vie temporelle, ici de la vie économique, que sont, en l'occurrence, les employeurs et les employés. Pour paraphraser Napoléon, on pourrait dire de la justice sociale qu'elle est un « art simple et tout d'exécution » !

Mais il nous faut aller plus loin : pour quelle raison le travail n'est-il pas une marchandise comme les autres ? Pour deux raisons qui s'appellent mutuellement : parce qu'il est nécessaire à l'homme et parce qu'il est participation de l'homme à l'activité créatrice.

Détaillons un peu ce que cela signifie et implique. Le travail est nécessaire à l'homme, tout d'abord parce qu'il est condition de sa vie : sans travail de la terre pas de nourriture – et, plus généralement, sans travail pas de possibilité de vie pour l'homme. Aujourd'hui, cela se traduit naturellement par la rémunération, grâce à laquelle l'homme vit et fait vivre sa famille, mais il importe peu que l'homme travaille directement pour produire les fruits de la terre qu'il consommera ou qu'il travaille pour acquérir un salaire qui lui permettra de bénéficier du travail d'un paysan. Cependant, là ne s'arrête pas la nécessité du travail. Celui-ci est également nécessaire en ce qu'il est une activité éminemment sociale et que l'homme est, on le sait au moins depuis Aristote, un animal social. Même si nous n'avions pas besoin de travailler pour nous nourrir, nous n'en aurions pas moins besoin de travailler pour prendre notre place dans la société. Notons au passage qu'il faut distinguer deux éléments dans cette nécessité du travail : dans les conditions actuelles de la vie humaine, nous entendons cette nécessité comme une souffrance (ce qu'indique l'étymologie du mot travail qui renvoie à un instrument de torture – et il est vrai que le travail est une fatigue, conséquence du péché originel, nous dit la Genèse) ; mais cette nécessité est d'abord un bien, en ce qu'elle est impliquée par notre nature (puisque nous sommes des êtres de relation, nous avons besoin de prendre notre place dans la société des hommes).

Participation à l'œuvre créatrice

Par ailleurs, le travail est participation à l'œuvre créatrice[1] de Dieu d'abord, de la société des hommes ensuite, et il est donc lié à l'éminence de notre nature spirituelle. Un animal ne travaille pas à proprement parler. Il y faut l'intelligence. C'est la raison pour laquelle nous avons tous besoin que notre travail « ait du sens » : un travail qui n'aurait pas de sens ne serait pas

[1] Remarquons que l'un des usages les plus anciens du mot « travail », fort éloigné de la vie économique, évoque l'accouchement et il caractérise bien tous les aspects que nous évoquons ici du travail dans le monde professionnel : il s'agit à la fois d'une souffrance, liée au péché originel (si Adam est condamné à travailler la terre à la sueur de son front, Ève est condamnée à enfanter dans la douleur) ; d'une activité éminemment créatrice (ne parle-t-on pas, même, de « procréation » pour l'engendrement ?) ; et d'une activité à la source de toute société.

une création et ne serait donc pas un travail du tout. C'est pourquoi l'une des pires violences que l'on puisse faire peser sur un travailleur est de priver son action de toute signification intelligible.

Il va de soi qu'il est parfaitement raisonnable d'éviter autant que faire se peut le côté pénible du travail. C'est pourquoi il est parfaitement légitime de mécaniser une large part du travail humain (et cela ne date pas d'aujourd'hui, puisque la domestication de l'animal ou l'utilisation du vent ou des rivières pour mettre leurs forces au service de l'homme remonte à des siècles) : en « sous-traitant » aux machines la part pénible du travail, nous n'en gardons que la part de création et de service du bien commun. Cependant, il est clair que cette vision est passablement irénique : il est de plus en plus fréquent que, loin de mettre la machine au service de l'homme, nous mettions au contraire l'homme au service de la machine. Cela a commencé à être systématisé par la taylorisation qui consistait pratiquement à mettre un ouvrier au service exclusif d'une machine effectuant une petite part de l'action productive. Mais cela s'étend désormais aux domaines de l'intelligence où l'informatique et l'intelligence artificielle peuvent dicter le comportement non seulement des ouvriers sur les chaînes de production, mais des cadres eux-mêmes – qui sont, ce n'est pas un hasard, les plus touchés par les mutations contemporaines du travail. Certes, l'intelligence artificielle n'est pas, à proprement parler, une intelligence, mais la machine, « nourrie » d'une quantité phénoménale de données, peut devenir une sorte d'oracle régnant sur l'usine qui dicte les conditions de la fabrication en sachant mieux que l'homme ce que celui-ci doit faire – et sans que l'homme ait la capacité de calcul et de mémorisation lui permettant de maîtriser le processus. Ainsi l'homme créateur risque-t-il de se trouver asservi à sa propre fabrication. Corollairement, son travail perd toute signification proprement humaine.

L'une des pires violences que l'on puisse faire peser sur un travailleur est de priver son action de toute signification intelligible.

L'autre grande mutation du travail n'est pas moins lourde de potentialités déshumanisantes : il s'agit de la mondialisation. Le travail, nous le disions, est profondément lié à la nature sociale de l'homme. Mais, s'il est explosé, par la grâce de la mondialisation des échanges, en une myriade de petites opérations, réparties sur toute la surface du globe et dont les acteurs ne se connaissent pas, il peut devenir profondément anti-social. Non pas seulement au sens où la notion de juste salaire disparaît dans les sables, mais aussi au sens où chaque individu se trouve isolé de ses congénères, y compris dans la construction d'une œuvre commune par le travail. De même que la machine, initialement conçue pour faciliter le travail de l'homme, peut devenir une sorte d'idole tyrannique asservissant le travailleur, de même le marché, initialement conçu pour être le lieu de rencontre de personnes ayant collaboré différemment à l'œuvre créatrice de l'humanité afin que chacune bénéficie de l'apport des autres et offre, en retour, sa propre création, peut devenir une entité abstraite imposant ses normes à tous les acteurs économiques. Certes, il est clair que la mondialisation des échanges est un instrument d'une prodigieuse efficacité pour mettre à la disposition du plus grand nombre d'êtres humains le maximum de biens et services ; mais il est clair aussi que ce fantastique accroissement d'efficacité que nous observons depuis quelques décennies se paie d'une déshumanisation des échanges (qui d'entre nous achèterait un T-shirt pour un euro s'il devait affronter le regard du malheureux petit esclave chinois qui l'a fabriqué ? Mais, en sens inverse, qui d'entre nous se soucie des conditions de production qui nous paraissent si lointaines ?) et, partant, d'un effrayant recul de la justice dans les échanges économiques. Inutile de noter que cet éloignement entre la myriade de producteurs qui ont contribué à fabriquer un bien et le consommateur final de ce bien rend également beaucoup plus facile la fraude : si je ne sais même pas à quoi (ni *a fortiori* à qui) va servir ce que je suis en train de fabriquer, pourquoi donc m'embêter à rendre un travail « bien fait » ? Les innombrables scandales récents en matière d'alimentation ou de santé trouvent sans doute ici une part de leur explication.

Les mutations contemporaines du marché du travail sont ainsi lourdes de menaces. Mais ces menaces sont à la mesure des opportunités. Pour ne prendre qu'un exemple, les récentes évolutions techniques ne rendent pas seulement possibles une parfaite anonymisation des échanges économiques, elles permettent également de créer très facilement (et quasiment sans apport de capital) des micromarchés de niche. Les « circuits courts », dans lesquels le consommateur achète à un producteur qu'il connaît et en qui il a confiance, sont rendus possibles par la diffusion massive des technologies numériques. En définitive, machine ou marché ne sont ni bons ni mauvais par eux-mêmes : tout dépend de l'usage qu'en fera l'être humain, qui n'est pas seulement le seul sur cette terre à pouvoir travailler, puisqu'il est seul à disposer de l'intelligence, mais aussi le seul à pouvoir poser des actes moraux. Et, on l'oublie trop souvent, les actes économiques – à commencer par celui d'embaucher un travailleur ou de louer sa force de travail – sont aussi des actes moraux… ■

> « C'est encore la science économique qui nous montre qu'une situation structurelle d'insécurité produit des comportements anti-productifs et des gaspillages de ressources humaines, dans la mesure où le travailleur tend à s'adapter passivement aux mécanismes automatiques, au lieu de libérer sa créativité. Sur ce point également, il existe une convergence entre science économique et évaluation morale. Les coûts humains sont toujours aussi des coûts économiques et les dysfonctionnements économiques entraînent toujours des coûts humains. »
>
> *(Benoît XVI, Caritas in Veritate)*

Le travail est-il toxique ?

Des pathologies liées au travail : la maladie du travail

par **Bruno Vercken**

Bruno Vercken.

Si les pathologies liées au travail ont explosé ces dernières années, cela signifie-t-il que le travail est toxique ? Non, répond Bruno Vercken, ancien responsable des ressources humaines dans un grand groupe international ; en revanche, il est bel et bien malade : malade de l'individualisme, de la course à la performance financière, au détriment du travail bien fait, et du refus du réel. Seule une sérieuse prise en compte de l'homme, avec ces capacités et ses fragilités, pourra redonner sens au travail et éviter le « burn-out » comme la tentation du big quit (« grande démission »).

Le travail est bon, disons-le d'emblée !

Le travail est fondamentalement le lieu d'exercice de notre humanité. Il nous rend cocréateur et acteur de ce monde. Il est le lieu de notre de notre développement, de l'exercice de nos habiletés, de l'apprentissage, de la fierté du travail bien fait, de l'échec aussi. Il est le lieu de la relation, car, fondamentalement, on travaille pour autrui. Il est donc le lieu de l'utilité et du sens.

Enfin, la juste rétribution du travail permet à chaque personne de vivre, de se nourrir, d'avoir un toit, de pouvoir fonder une famille, d'élever des enfants. Les fruits et les histoires magnifiques du travail sont innombrables.

Les évolutions des 20 dernières années sont préoccupantes

Il y a 20 ans, on ne parlait pas de toxicité du travail. Le sujet était latent. L'arrivée du terme Risques psychosociaux (RPS) dans le vocabulaire des DRH date de la fin des années 2000, marquées par les drames de Renault et France Telecom. **On assiste aujourd'hui à une explosion des pathologies liées au travail :**

- La santé mentale au travail représentait en 2020 5 des 10 causes majeures d'inaptitude au travail.

- En 2022, le taux d'absentéisme atteint 5,64 % contre 4,94 % en 2021. Il a rattrapé le taux de 2020, au pic du Covid.

- La « fatigue » est la troisième raison d'absentéisme la plus citée en 2022, derrière les maladies saisonnières et les contaminations liées au Covid.

- En 2022, 44 % des salariés ont déserté leur poste au moins une journée, ce qui représente une hausse de 14 points par rapport à 2019.

- Les troubles psychologiques s'installent pour la deuxième année de suite comme la première cause d'arrêt de travail de longue durée (22,2 %, + 4 points par rapport à 2019), devant les TMS [troubles musculo-squelettiques] (21,2 %).

Mais il est essentiel de comprendre qu'avant les travailleurs eux-mêmes, c'est souvent le travail qui est malade. Le travail est de plus en plus exposé à une forme de déconnection du réel.

Des exigences toujours plus importantes pèsent sur les entreprises, en particulier sur les plus grandes :

- Pressions financières, pour échapper à une OPA [Offre publique d'achat] ;

- Pressions économiques, porteuses de compétition généralisée et de course à l'innovation ;

- Pressions environnementales et sociales : non seulement les entreprises doivent respecter des principes toujours plus exigeants, mais elles doivent maintenant vérifier que leurs fournisseurs les respectent aussi ;

- Pressions réglementaires : les régulateurs de toute sorte imposent toujours plus de normes. Dernière exigence, et non la moindre : les opinions publiques qui veulent que nos entreprises « fassent le Bien ».

Ces injonctions portent énormément de contradictions qui finissent par se traduire par une forme de toute-puissance. « Innover sans cesse en améliorant toujours la qualité, toujours plus vite, toujours moins cher, en étant toujours plus exemplaire, durable et respectueux des parties prenantes » est à peu de chose près ce que prétendent toutes les entreprises dans leurs rapports annuels. Disons-le tout net, ce n'est pas possible – et certainement pas sur le long terme ! C'est un mensonge et les salariés le savent.

Et cela conduit logiquement à tricher avec le réel : le réel du temps toujours plus court pour réaliser les projets ; le réel de l'espace, quand on fait fabriquer des éléments essentiels dans des pays lointains à faible coût ; le réel de la physique, quand on coupe les investissements en feignant d'ignorer que les machines s'usent ; le réel de notre fragilité humaine, quand on enchaîne les transformations avec des équipes toujours moins nombreuses.

Et, au bout du compte, tout cela conduit à une véritable schizophrénie – et la schizophrénie est effectivement une maladie…

Quelles sont les causes de fond derrière ces évolutions ?

En octobre dernier, le commissariat au plan a publié une note « Transformation du travail : Crise de la reconnaissance et du sens du travail ». Il pointait les causes de ces évolutions : mondialisation et pression accrue de la concurrence internationale ; tertiarisation, avec à la clé une transformation des emplois, numérique, énergétique et démographique ; pression croissante du court-terme due aux modes de financement des entreprises ; métropolisation aussi, car la France est le pays d'Europe avec les plus longues navettes domicile-travail (1 h 13 par jour en moyenne).

Tout cela contribue à blesser les trois dimensions du « travail soutenable » :

- L'équilibre entre les demandes de l'employeur et les ressources dont le travailleur dispose pour y répondre est brisé. La course à la croissance, à l'innovation, les transformations permanentes se traduisent par un « toujours plus avec toujours moins », quand les réductions de coûts, la perte d'autonomie induite par les processus, les outils informatiques et la conformité se traduisent par autant de contraintes.

- La reconnaissance au travail est, elle aussi, fragilisée. Le bon travail quotidien, qui permet d'honorer la promesse faite au client et qui occupe 90% du temps est devenu invisible. Occulté par la financiarisation et les omniprésents indicateurs de gestion. Le chef n'est plus présent ou il n'a d'intérêt que pour les projets porteurs de « cash flows » futurs. Le covid et le télétravail ont accentué l'isolement. La qualité du travail est perçue comme « empêchée » (selon une enquête de la DARES [Direction de la Recherche, des Etudes et des Statistiques, Ministère du Travail], 54% des salariés prétendent devoir sacrifier la qualité dans leur travail) et beaucoup de salariés sont conduits à faire des choses qu'ils jugent non conformes à leurs valeurs.

Le travail est fondamentalement le lieu d'exercice de notre humanité. Il nous rend cocréateur et acteur de ce monde. Il est donc le lieu de l'utilité et du sens.

- Enfin, la construction des compétences et d'un futur souhaitable est brouillée. Dans un environnement volatile, incertain, complexe et ambigu (en anglais : *vuca*), les parcours de développement sont flous, les acquis fragiles, les compétences vite obsolètes. L'avenir au travail est facteur d'insécurité, car, au-delà des réorganisations permanentes, quand ce ne sont pas des restructurations et de la sous-traitance généralisée pour variabiliser les coûts, il y la révolution digitale, les robots et les cobots [« robots collaboratifs »] et, maintenant, ChatGPT et l'intelligence artificielle.

Si ces tendances se poursuivaient, une éradication de l'homme de l'économie serait à craindre

On voit déjà aujourd'hui les conséquences très importantes des mutations en cours. Le *big quit* des États-Unis gagne la France. Le t*urn-over* est très élevé. Des métiers absolument essentiels, agriculteur, médecin, professeur, tombent en déshérence ; le plombier, le couvreur, le cordonnier, l'électricien vieillissants ne trouvent pas de repreneurs pour leur activité. Les postes non pourvus sont innombrables alors que le chômage reste élevé : symptômes d'un système micro-économique inefficace, pour ne pas dire malade. Conséquence, des secteurs entiers, BTP, Hôpitaux, EPHAD, Restauration, etc., emploient une main-d'œuvre immigrée considérable et les grands patrons ont des rapports ambigus avec l'immigration de masse, y compris illégale.

Avant les travailleurs eux-mêmes, c'est souvent le travail qui est malade.

Nous n'avons pas non plus fini de mesurer les conséquences du recours massif au télétravail. L'impact sur l'organisation du travail sera à terme bien supérieur à celui des 35 heures.

Imposé par le Covid et rendu possible par les technologies, le télétravail est plébiscité par les salariés, à qui il apporte autonomie, moins de transports, souplesse de vie…, par les managers, qui peuvent s'affranchir des contraintes géographiques pour constituer leurs équipes et n'y ont pas perdu en productivité et par les entreprises qui sont heureuses de réduire leurs mètres carrés de bureaux.

À l'insu de tous, le télétravail porte un profond et très préjudiciable délitement du collectif de travail. La perte de l'*affectio societatis* se traduit par un moindre engagement côté salarié et le travail à distance, par une facilité d'externalisation des emplois, porteuse de précarité accrue. Il est beaucoup plus facile de se séparer d'un travailleur qu'on ne rencontre qu'épisodiquement que d'un collègue avec qui on prend le café tous les jours.

La sous-traitance généralisée qui en découlera porte en elle les germes d'une forme de « transactionalisation » de la relation employeur-employé, chacun y trouvant son compte et la percevant comme un moyen de s'adapter aux « temps modernes ». Cette évolution risque d'accentuer le phénomène d'ubérisation du travail et conduire à terme à une réduction considérable du salariat, qui pourrait n'avoir été qu'une parenthèse de 300 ans dans l'histoire de l'humanité, avec, à la clé, une perte non maîtrisée des bénéfices considérables apportés par le travail salarié : sécurisation des revenus, formation et développement des compétences, protection sociale, accès au logement, natalité, éducation…

Conjuguée avec les promesses sans limite des technologies et avec l'aversion du risque qui fait percevoir l'humain comme un aléa difficile à maîtriser, une éradication de l'Homme de l'économie, à l'exception de quelques *happy few*, n'appartient plus à la fiction. Le « meilleur des mondes » n'est pas si loin.

Que faire pour promouvoir un travail « soutenable », quelles réformes mener ?

La réforme des retraites a timidement remis en valeur le sujet du travail, trop abordé ces 40 dernières années sous l'angle exclusif de l'emploi. Le Conseil National de la Refondation et le CESE [Conseil Economique Social et Environnemental], en organisant les « assises du travail », s'y sont récemment intéressés. Hélas, le Travail, qui est à l'Économie ce que la Famille est aux générations futures, est comme celle-ci le parent pauvre des politiques publiques depuis trop longtemps.

Une action vigoureuse du Législateur et de l'État est possible et nécessaire.

Pour valoriser le Travail, il doit être mis fin aux idéologies. Les métiers, les compétences, les formations et l'apprentissage doivent être considérés comme des investissements stratégiques, avec une attention toute particulière pour les métiers manuels. Le dogme de 100% de bacheliers est un désastre, il doit être abandonné au plus vite. Quant aux 35 heures, dont le pire des vices est d'avoir institutionnalisé une destruction de la valeur travail, leur carcan doit progressivement disparaître au profit de mesures d'assouplissement décidées au niveau des branches.

Le Travail doit être remis au cœur des entreprises par la représentation et la participation.

Ce qui fédère les talents et l'action des femmes et des hommes dans l'entreprise, c'est le Travail. Celui-ci doit être au cœur du dialogue social. Utiliser les travers d'un syndicalisme parfois dévoyé pour faire croire que les employeurs peuvent décider sans ceux-là mêmes qui « font le job » est une imposture, à l'heure où complexité et intelligence collective sont de mise. La représentation salariée et le syndicalisme doivent être encouragés. Les commissions Santé Sécurité Conditions de Travail (CSSCT) qui ont pour mission de veiller, avec les salariés élus, à la qualité des conditions de travail, dans le contexte d'intensification décrit plus haut, doivent retrouver le pouvoir d'alerte et d'expertise dont les ordonnances Macron les ont privées.

La prise en compte du Travail dans les conseils d'administration est indigne des enjeux. La loi « PACTE » de 2019 a fixé à deux le nombre minimum d'administrateurs salariés si l'entreprise compte plus de 1 000 salariés et plus de 8 sièges d'administrateurs. C'est une amélioration… En Allemagne, les conseils d'administration comptent 50 % d'administrateurs salariés dans les entreprises de plus de 2000 salariés, 33 % en dessous. Une présence bien plus nombreuse des salariés éviterait bien des décisions insensées, destructrices de valeur économique et sociale et guidées par la seule vision financière de l'entreprise.

Le législateur doit accentuer l'exigence de prévention. Pour rappel, « l'employeur doit veiller à la santé et à la sécurité des travailleurs » (article L4121-1 du Code du travail). Alors que les diagnostics sur l'intensification du travail sont posés, il est inacceptable de voir des politiques de prévention et de promotion de la QVT (Qualité de Vie au Travail) en entreprise se résumer à des corbeilles de fruit, des massages et des séminaires de *mindfulness* [« pleine conscience »], se défaussant ainsi sur la résilience individuelle des employés au lieu de questionner les modes d'organisation et de fonctionnement.

Il convient de sanctionner beaucoup plus sévèrement le harcèlement, en particulier le harcèlement systémique, par des sanctions dissuasives. Il convient aussi d'abaisser les seuils d'IPP (Incapacité Permanente Partielle) au-delà desquels les indemnités versées au salarié en cas d'accident ou de maladie professionnelle sont prises en charge par la branche AT/MP (accidents du travail/maladies professionnelles), financée par les entreprises, et non plus par le régime général de la Sécurité Sociale.

Une machine, un logiciel, un robot fonctionnent ; seul l'Homme travaille.

La question de la reconnaissance du burn-out comme maladie professionnelle n'a pas été tranchée par l'OMS. Elle est une terrible épée de Damoclès sur les employeurs et leur rendrait la vie infernale. Mais le refus par ceux-ci de prendre leurs responsabilités devant la recrudescence des burn-out professionnels emporte un tel risque.

La Médecine du Travail, indispensable à toute politique de prévention, n'est pas épargnée non plus. Notre pays comptait 4 800 médecins du travail en 2022 ; ils étaient 6 000 en 2010. La revalorisation de cette filière médicale est un enjeu de plus pour la médecine de notre pays.

Mais c'est au niveau des entreprises que la soutenabilité du travail se joue.

Yves Clot, chercheur réputé en psychologie du travail, en décrit les enjeux par cette phrase magnifique : « Il n'y pas de stratégie du bien-être au travail sans stratégie du bien-faire. »

Promouvoir le « bien-faire », abîmé par les transformations permanentes et le « toujours plus avec toujours moins » est LE pari gagnant, pour les clients, pour l'entreprise et sa pérennité, et pour les salariés. Préserver les métiers, reconnaître l'expérience, promouvoir la qualité des produits et service, avec des ressources adéquates, est la meilleure des stratégies de qualité de vie au travail (QVT).

Le management moderne a érigé la « transformation » en mantra que personne ne remet en cause. Or, le changement permanent, trop souvent mal accompagné, est délétère de tout point de vue, sauf, sans doute, pour les cabinets de consultants et les fournisseurs informatiques. Tout projet de changement devrait être accompagné d'une étude d'impact humain, afin d'en adapter la cible et les moyens avec les exigences d'un travail soutenable pour les travailleurs. Les rapports de développement durables des entreprises devraient intégrer la « quantité de changement » vécue chaque année par les salariés et en rendre compte.

Le management des équipes est un élément fondamental mis en évidence par le rapport récent du CESE pour y promouvoir un travail soutenable, à travers l'écoute, la participation, la régulation de proximité, la cohésion d'équipe, l'attention aux « signaux faibles » de fragilité.

Or, l'ergonomie, c'est-à-dire la « science du travail », n'est quasiment pas enseignée. Il conviendrait d'en généraliser l'enseignement à tous les étudiants des écoles de management, d'ingénieur, de ressources humaines et aux salariés. Les spécialistes du changement (RH, consultants…) qui conduisent les changements devraient être tenus d'acquérir une capacité en ergonomie. Cela permettrait d'assurer que les modes d'organisation et de fonctionnement mis en place fassent la place au « bien » et au « sain » travailler.

Face à la technique, faire le choix de l'Homme

La tentation est grande, face aux difficultés actuelles du travail et aux aléas humains, de tout miser sur la « technique ». Une machine, un logiciel, un robot fonctionnent, seul l'Homme travaille. Il n'y a pas de travail sans Homme. Combattre le fatalisme ambiant pour affirmer la prééminence de l'homme sur la machine et sur la technique est un choix délibéré. Le travail a une dimension ontologique : il touche à la fois à notre liberté et à la fragilité de notre condition. Accepter la part de risques inhérents au travail (apprendre, expérimenter, se tromper, innover, échouer, se blesser…), c'est respecter l'Homme. ■

Manifeste pour la création d'un Mouvement Ecologiste Conservateur

par **François-Louis de Voyer d'Argenson**,
Chef d'entreprise

François-Louis de Voyer d'Argenson.

Nous aimons les citations. En voici une dont nos lecteurs connaissent bien l'auteur, Charles Péguy. « Il faut toujours dire ce que l'on voit, et, ce qui est plus difficile, voir ce que l'on voit. » Pourquoi est-elle si peu mise en pratique ? Pourquoi si peu de responsables de droite sont-ils capables de regarder la réalité en face, l'étiolement de nos labourages et de nos pâturages au profit du goudron des parkings et des hangars ; dire l'enlaidissement de la France à mesure que poussent les éoliennes ou que se creusent les sablières ; assumer que certaines campagnes sont désertes, que les sauterelles ne bondissent plus devant la course des enfants ; constater que notre climat se dérègle quand on vendange en août et qu'on sème le blé en septembre, que l'eau manque au point qu'il faut éventrer la terre du Poitou pour arroser le maïs et ravitailler de plus en plus souvent des villages occitans à la citerne ? François-Louis de Voyer d'Argensson, aussi résolument conservateur que résolument écologiste a décidé d'interpeler la droite française, du moins celle, hélas majoritaire, qui reste muette sur la dégradation vertigineuse de notre environnement, de l'enlaidissement de nos villes et de nos campagnes, jusqu'à la disparition d'espèces animales ou la raréfaction de l'eau. Voici un indispensable appel à la conservation d'une Nature qui ne peut évidemment trouver meilleurs défenseurs que… les conservateurs. /pmc

Au grand silence des champs qui se meurent répond le silence des partis, notamment de droite ; et, quand ils en parlent, ils ne proposent guère de programme audacieux, se bornant à constater. Beaucoup pensent que ce n'est pas un sujet électoralement « payant ». Quand des incendies ou des inondations ravageront la France au moment d'une élection, nous verrons si ce ne l'est pas… D'ores et déjà, beaucoup pourtant s'inquiètent ; et, pour ceux qui ne mettent pas le nez dehors, qui ne chassent pas, qui ne se promènent pas, qui ne regardent pas l'état de leur pare-brise après avoir roulé l'été sur une route de campagne, il y a les chiffres : les glaciers français fondent à vue humaine, et auront tous disparu en 2100 (22 mètres perdus depuis 2000 pour le Glacier Blanc). Février 2024 fut le 25e mois au-dessus des normes, selon les relevés de Météo France dont la méthodologie n'a pas changé depuis 30 ans. Les oiseaux et insectes disparaissent et, plus généralement, 1/8e des espèces qui vivent dans notre pays est en danger d'extinction. Pour ceux qui ne font pas confiance dans les chiffres, il suffit d'observer les dates de floraison des fruitiers ou d'éclosion des feuilles de marronnier...

Proclamons qu'il existe un danger environnemental aussi urgent que l'enjeu migratoire ou démographique ; et refusons que la plus grande partie de la droite se ferme dans le déni face à la Nature qu'on mutile - déni semblable à celui de la gauche face à la Patrie qu'on remplace...

« Ça a toujours existé !»

Notre monde est si menacé que les esprits frileux se réfugient d'instinct dans le déni, changements de température pour les uns, mouvements de population pour les autres : *« Ce n'est pas essentiel, et puis on y peut rien. »*. Chute de la biodiversité pour les uns, éclatement de la Nation pour les autres ; on ne représente que 1% – de la population mondiale pour les uns, des émissions de gaz à effet de serre, pour les autres. Notons en passant que ce chiffre est malhonnête : rapportée à la population, la France représente près de 7% des émissions de gaz à effet de serre. Surtout, nous avons délocalisé en Chine et dans d'autres pays « pollueurs » nombre de nos industries sales, de la même façon que nous avons longtemps utilisé l'Indonésie comme débarras pour nos déchets. Certes, nous sommes plus vertueux que la plupart des autres pays « développés », mais se reposer sur ce 1% magique est indigne.

Refusons que la plus grande partie de la droite s'enferme dans le déni face à la Nature qu'on mutile - déni semblable à celui de la gauche face à la Patrie qu'on remplace.

En réalité, les deux phénomènes – immigration et épuisement écologique - sont liés, et nous devons nous inquiéter de la bascule démographique comme de la crise environnementale, car les deux vont nous frapper de plein fouet concomitamment. Nous aurons à la fois les migrations et le dépérissement de notre cadre de vie. Les uns et les autres vont d'ailleurs s'accentuer mutuellement : l'émigration sahélienne est décuplée par la désertification et le dérèglement climatique. Quant au comportement de certaines populations vis-à-vis de la Nature, il suffit de connaître des pays musulmans d'émigration pour y contempler l'état des cours d'eau, y évaluer le bien-être animal ou constater le drame du traitement de leurs déchets...

Agissons ! Croit-on que le paysan du Vivarais dont le vin gelait en 1710, en plein âge glaciaire, se posait la question de l'origine de la modification du climat ? Non, il luttait contre le froid, élargissait ses murs et tentait

Qu'un hommage soit ici rendu à l'action prophétique de Robert Poujade (1928-2022), que la gauche néglige souvent de citer parmi les pionniers de l'écologie, alors qu'il en reste l'une des plus grandes figures. Normalien et professeur agrégé de lettres, ce gaulliste tenace s'engagea dès le jour de ses 18 ans au RPF, avant de militer à la Ligue Urbaine et Rurale, puis à la Ligue contre le Bruit (le bruit : autre souci écologiste majeur...). Secrétaire général de l'UDR en 1968, gaulliste intransigeant, il fut ministre de l'Environnement de 1971 à 1974, puis député de la Côte d'Or et, pendant trente ans, maire de Dijon, où il créa le premier secteur sauvegardé qui fit école dans de nombreuses villes. Parmi ses œuvres, signalons le sauvetage du canal de Bourgogne, son action comme président de l'Association des Villes et Pays d'Art et d'Histoire et président du Conservatoire du Littoral qui sauva d'innombrables sites. Un homme exemplaire dont nous devons nous réclamer !

d'améliorer la conservation de ses récoltes. Il ne disposait pourtant pas de techniques d'isolation ou de production d'énergie nucléaire. La France est aujourd'hui mieux dotée que n'importe quel pays pour affronter le dérèglement en cours. Par ses atouts paysagers, sa diversité de sols, de reliefs et de climats, et par ses ingénieurs aussi. Relisons Fernand Braudel, *Les lieux de mémoire* de Pierre Nora ou *Retour au Réel* de Gustave Thibon, et profitons de la longue expérience française en matière d'agronomie et d'aménagement paysager : les Rois puis l'Etat voient plus loin que le marchand de bois ou le promoteur immobilier. Les forêts de Rambouillet ou de Tronçais ont été protégées bien avant la sanctuarisation de *Yellowstone*...

En lui-même, le réflexe écologiste est conservateur

Certes, on peut attribuer à l'écologisme de gauche trois crises récentes : celle de l'énergie avec la tentative avortée d'en finir avec le nucléaire ; celle du logement locatif avec la folie furieuse des diagnostics énergétiques ; celle de l'agriculture avec la sur-transposition de normes dans nos champs, dont l'application tatillonne et bureaucratique a provoqué la juste colère de nos paysans. Pour autant, ne jetons pas le bébé avec l'eau du bain. Au lieu de nous obséder devant les évidents délires de la gauche écolo, puisons dans nos traditions pour prendre à bras le corps les innombrables défis écologiques que nous lance une aveugle modernité !

Faut-il critiquer Greta Thunberg, Sandrine Rousseau ou les zadistes? Oui, mais dans le sens étymologique de ce verbe, qui fait appel au discernement, ce si noble mot. Quant à moi, je suis impressionné par une gamine malade qui a su s'introduire dans les lieux de pouvoir du monde entier pour y hurler son indignation et, si je reconnais la ruse de Sandrine Rousseau qui, sans crainte du ridicule, a porté ses obsessions dans le débat public, je n'en admire pas moins le courage des zadistes qui vivent plusieurs mois dans la boue et risquent la prison pour défendre leurs convictions. Ils ne méritent pas votre mépris. Ce sont eux que l'on entend, au moins, tandis que nous sommes, nous, inaudibles.

Aujourd'hui, la droite institutionnelle abandonne l'écologie à la gauche comme elle lui a abandonné le social au XIXe siècle. Et cela malgré l'Eglise, qui, elle, sonnait déjà le tocsin (cf. ci-dessus, notre article sur les Papes face à la question sociale). A l'époque, c'était la doctrine sociale qu'une grande partie de la bourgeoisie a longtemps fait semblant de ne pas connaître. Aujourd'hui, c'est *Laudato Si* et *Laudato Deum* que beaucoup renvoient d'un revers de main en jugeant sans réfléchir : *« C'est un ode à Gaïa : rien de chrétien ! »*. Ces encycliques sont peut-être insuffisantes sur le plan spirituel, mais le Pape a le mérite d'avoir compris l'enjeu environnemental.

L'exemple de Georges Pompidou et de Robert Poujade

Si l'on veut couper le lien puissant entre l'écologie politique et le gauchisme, il n'y a qu'une solution pour le conservatisme : revendiquer l'écologie comme un de ses piliers, ce qu'elle est d'ailleurs fondamentalement, et proposer un programme en conséquence qui ne soit pas seulement critique mais aborde la question écologique dans toute sa complexité ; un programme qui ose contraindre, non pas punir, mais bel et bien contraindre, selon les nécessités du temps. Contraindre, comme cela a été fait, à bon escient, dès le premier ministère de l'Environnement, crée en 1971 par Robert Poujade (voir ci-contre) pour les parcs naturels régionaux puis la loi littoral, qui sauva tant de paysages ; interdire les odieux sacs en plastique, les pollutions des eaux par les industriels ou la chasse aux espèces menacées de disparition.

Au lieu de nous obséder devant les évidents délires de la gauche écolo, puisons dans nos traditions pour prendre à bras le corps les innombrables défis écologiques que nous lance une aveugle modernité.

Non, ce ne serait pas chasser sur les terres de gauche, ce serait renouer avec notre combat naturel – et retrouver l'esprit du discours que prononça Georges Pompidou, à Chicago, en 1970 : « L'emprise de l'homme sur la nature est devenue telle qu'elle comporte le risque de destruction de la nature elle-même [...] La nature nous apparaît de moins en moins comme la puissance redoutable que l'homme du début de ce siècle s'acharnait encore à maîtriser, mais comme un cadre précieux et fragile qu'il importe de protéger pour que la Terre demeure habitable aux hommes ».

« Que la Terre demeure habitable aux hommes ! » Ce pourrait être le slogan de notre futur Mouvement Ecologiste Conservateur ! ■

Histoire, Culture & Civilisations

« Je suis devenu français d'abord dans ma tête, dans mon cœur, dans ma manière d'être, dans ma langue. Je suis devenu français. C'est-à-dire que j'ai abandonné une grande partie de mon arménité pour être français (...) Il faut le faire ou il faut partir. »
Charles Aznavour

Il y aurait bien des choses à dire sur cette déclaration ancienne de Charles Aznavour et, pour commencer, que toute civilisation est le produit d'efforts sur soi-même, tels que ceux que consentent ou doivent consentir les nouveaux venus ou ceux qui entendent l'endosser ou en bénéficier. Une civilisation se construit, se protège et finalement se mérite. Tel est d'ailleurs l'un des enseignements les plus frappants que l'on tire de la lecture certes foisonnante et diverse de l'un des tout premiers écrivains français et contemporains, Renaud Camus – pour interdit d'antenne qu'il soit, cet homme auquel la postérité rendra ses droits n'en continue pas moins à écrire, solitaire, téméraire, lunaire. Jean-Gérard Lapacherie revient sur l'un de ses titres phares, *Décivilisation.*

Subtilisé par Emmanuel Macron à l'occasion de l'un de ses multiples et lassants tours de passe-passe langagier, le terme de *décivilisation* semble accompagner la décadence dont nous sommes les contemporains, son incarnation archétypale étant le jeune rastaquouère de banlieue, enfant bâtard de ce que l'islamisme et la sous-culture américaine engendrent de pire. Nous touchons ici au cœur de la pensée de Renaud Camus : pour permettre l'achèvement du « Grand Remplacement », il est nécessaire d'opérer son préambule, le « Petit », lequel consiste à dénigrer de manière acharnée toutes les composantes de la culture européenne, de l'opéra à la cravate, des arts de la table à l'entretien des châteaux et des cathédrales, du vouvoiement à la qualité de la langue.

Le Nouveau Conservateur s'emploie de tout son saoul à lutter contre ce processus mortel. Une bonne façon de le faire est de soutenir les lieux qui demeurent fidèles à la culture classique. Le moindre de ceux-là n'est pas le Théâtre du Nord-Ouest (13 rue du Faubourg Montmartre, Paris IX). Théâtre volontiers résistant à l'esprit des temps, le Nord-Ouest est ainsi le dernier établissement parisien à présenter Montherlant (*Le Maître de Santiago* et plus récemment, l'éblouissant *Port-Royal*). Son directeur, Jean-Luc Jeener, se veut l'héritier d'un théâtre chrétien, en lointain descendant de l'esprit des catacombes. Un être stupéfiant doué d'une force d'âme devenue rare. Le chroniqueur littéraire Gilles Brochard est allé à sa rencontre pour retracer l'histoire de ce lieu si singulier. Notons qu'à l'occasion d'une négociation particulièrement simple et amicale, *Le Nouveau Conservateur* et le *Théâtre du Nord-Ouest* ont pu s'entendre afin de proposer à nos lecteurs des représentations à prix préférentiel. Le lien qui unit la revue à ses lecteurs sera également renforcé par l'organisation prochaine de « cafés conservateurs » dont Gilles Brochard précisera les contours. Ces occasions de rencontre en chair et en os sont précieuses ; elles réconfortent ceux qui parmi les patriotes se pensent parfois esseulés lorsqu'au travail, entre amis ou en famille, ils constatent encore la mainmise idéologique d'une gauche pourtant réduite à un dernier baroud d'honneur.

Valentin Gaure, jeune journaliste, notamment à *Valeurs actuelles*, s'est quant à lui intéressé au récent ouvrage de Maxime Michelet, historien au nom prédestiné. Ce proche conseiller d'Éric Ciotti vient de consacrer un ouvrage à Napoléon III, étonnante figure de notre Histoire, soudain mise en lumière par une nouvelle vogue…

Notons enfin que *Le Nouveau Conservateur* embrasse l'entièreté du prisme culturel, sans oublier son versant le plus populaire, grâce à l'éloge rendu par Olivier de Laubarière aux bistrots. Ces éléments attachants et indissociables de l'image de la France y sont décrits dans leur plénitude, évidemment avec un regard tout particulier tourné vers la fameuse cuisine de ces établissements, à la fois simple et généreuse, du célèbre « œuf mayonnaise » à la bavette en passant par la tête de veau – sauce gribiche. La cuisine de bistrot, en ce qu'elle nous relit à la terre et aux hommes, donc à un territoire, est à défendre… Et à promouvoir, car loin de s'abandonner aux séquences sépia, le bistrot semble bénéficier d'un retour en grâce, les urbains se lassant peu à peu des *fast-foods* et autres sushis. Un signe – certes très ténu – qui nous pousse là encore à refuser les discours les plus fatalistes. Du théâtre à la musique sacrée en passant par les fourneaux, la France, semble-t-il, n'a pas encore dit son dernier mot… Ainsi, plus qu'Hier encore, chantons *Non, je n'ai rien oublié* et rendons un juste hommage à Charles Aznavour qui eut le courage d'embrasser vraiment la France. **/VG**

Napoléon III, l'Empire en mieux

Proche conseiller d'Éric Ciotti, le jeune historien Maxime Michelet publie aux éditions Passé/Composés une intéressante synthèse historiographique du regard ambigu que nous portons sur la personne et le bilan politique de Napoléon III, figure longtemps tenue à l'écart, un temps proscrite, enfin remise à l'honneur par Philippe Séguin, et plus récemment par l'historien Eric Anceau. Deux membres de notre équipe ont lu le livre de Maxime Michelet et sont tombés d'accord pour donner la moyenne à notre second Napoléon. De notre histoire, ne devons-nous pas assumer toutes les pages ?

Le Second Empire constitue décidément une période incongrue de l'Histoire de France. Une parenthèse hybride et étrange, certes non dénuée de gloire, mais qui termina dans les limbes, effacée par la débâcle de Sedan, et ce désastreux coup de pouce donné à l'impérialisme allemand, par là aux guerres affreuses qu'il provoqua aux siècles suivants. Il est certain toutefois qu'à l'oncle (supposé « grand »), mieux vaut préférer le neveu (prétendument « petit »), tant Napoléon III fut à bien des égards un dirigeant efficace, stratège, souvent visionnaire - du moins si l'on veut bien jeter un voile pudique sur la catastrophe finale, dont il ne fut certes pas le seul responsable, sinon au regard de l'impréparation militaire dans lequel ce paradoxal Empereur qui n'était pas un guerrier plongea la France.

Sa personnalité foisonnante, toute en clair-obscur, fut parfaitement dévoilée par Pierre Milza, dans la biographie exigeante qu'il lui consacra en 2004 et qui fit autorité. Citons également l'œuvre d'un autre de nos grands historiens, Éric Anceau, dont les travaux sont à l'origine de l'actuel mouvement de réhabilitation de notre ultime empereur.

Victime de la cabale lancée par Victor Hugo

D'aucuns se souviennent également du *Louis-Napoléon Le Grand* de Philippe Séguin qui, réfutant le fameux quolibet de Victor Hugo (« Napoléon le Petit ») rendit hommage à la fibre sociale de l'auteur de *L'Extinction du paupérisme*, ouvrage qui témoignait de son souci des classes populaires et du développement de l'industrie. Parfois gaullien avant la lettre, Napoléon III était aussi l'homme du « recours au peuple » par le biais des plébiscites et le continuateur exigeant de la politique étrangère traditionnelle de la France en faveur des Nations, contre les Empires et les hégémonies.

Nous n'oublions pas, avec Maxime Michelet, que l'ancien prisonnier du fort de Ham posa aussi les bases de la Marine moderne – chantier abandonné depuis Colbert… Et que nous devons également au Second Empire les formidables travaux haussmanniens - bien que, vus sous un autre aspect, leur modernité arrogante aboutit au saccage d'une bonne partie du vieux Paris… Ainsi, l'une des périodes artistiques qui fut assurément l'une des plus fastes de notre Histoire – mais ne fut-elle pas le produit de l'extraordinaire bouillonnement culturel que la France connut tout au long du XIXe siècle, d'abord dû aux « trente glorieuses » des restauration royales (1815-1848), années d'expansion économique, de stabilité politique, de paix – et d'un grand soin apporté à l'Instruction Publique, spécialement aux Universités ?

Celui qui conserva longtemps une image de despote, un peu simple d'esprit (c'est l'image que lui donna la gauche républicaine et l'école très idéologique de la IIIe République) peut en vouloir à Victor Hugo, son éternel ennemi, qui fut au neveu ce que Madame de Staël fut à l'oncle. Ses morceaux choisis constituent un modèle de cruauté littéraire : « Louis Bonaparte est un homme de moyenne taille, froid, pâle, lent, qui a l'air de n'être pas tout à fait réveillé. […] Il a la moustache épaisse et l'œil éteint. […] C'est un personnage vulgaire, puéril, théâtral et vain. […] Il aime la gloriole, le pompon, l'aigrette, la broderie, les paillettes […], les grands mots, les grands titres, ce qui brille, toutes les verroteries du pouvoir. En sa qualité de parent de la bataille d'Austerlitz, il s'habille en général ». Jugement bien trop sévère, certes !

Le difficile héritage d'une figure aux contours flous

Rien d'étonnant à ce que Maxime Michelet, jeune historien de talent, ait dédié son ouvrage à Philippe Séguin, sans doute désireux de perpétuer un héritage que l'on présente aujourd'hui sous les noms un peu nébuleux de « droite sociale » ou de « droite bonapartiste », comme si le gaullisme n'était pas avant tout un légitimisme, plus proche du classicisme capétien de Chateaubriand ou de Maurras que des conquêtes impériales ? Le drame pour ce jeune auteur à la plume alerte, cadre important du mouvement dit *Les Républicains*, est sans doute que le plus probable héritier de ce courant de pensée soit davantage la très bonapartienne Marine le Pen, ou le napoléonophile Eric Zemmour qu'Eric Ciotti (curieux Ciotti auquel il arriva que *Le Nouveau Conservateur* accorde, avec beaucoup de magnanimité, le prix du courage politique - LNC n° 9), si du moins celui-ci se soucie d'avoir un héritage historique quelconque. Il reste que son *Napoléon III, la France et nous* est à saluer, en ce qu'il achève d'exhumer une grande figure longtemps

Napoléon III et L'Impératrice Eugénie. « Arrivée du couple Impérial chez le Sénateur Comte Mimerel à Roubaix le 29 août 1867 » par Claudius Jacquand.

abandonnée dans les cachots républicains de la mémoire nationale. Et nous déplorons à notre tour que sa dépouille repose toujours en Angleterre, où il mourut en paria, malgré les successifs appels au rapatriement auquel eut droit son oncle ?

Il est à noter que Maxime Michelet fut également le biographe de l'impératrice Eugénie, dont on souligna, tantôt à raison, tantôt à tort, l'influence qu'elle exerça sur son époux. Il est certain toutefois qu'elle l'encouragea à certaines actions d'éclat mal menées mais bien inspirées, notamment au Mexique ou en Italie, en partisane des courants ultramontains, c'est-à-dire de la défense du Pape et de la Chrétienté face au foisonnement de l'unité italienne et du *Risorgimento* - et aussi, comme Eric Anceau l'exposa dans nos colonnes (cf. *Le Nouveau Conservateur* n° 9) face à cet impérialisme yankee parti à la conquête de la très catholique Amérique du Sud, ce qui inquiétait l'Empereur des Français et sa chère Eugénie.

Sur l'anglophile, moderniste et grand modernisateur Napoléon III, le conservateur ne peut qu'hésiter : merci à Maxime Michelet de nous inciter à lui accorder, finalement, un peu mieux que la moyenne ! ■

Valentin Gaure **Paul-Marie Coûteaux**

Un autre mot à succès de Renaud Camus : la *décivilisation*

par **Jean-Gérard Lapacherie**

Renaud Camus est connu pour avoir promu le terme de « Grand Remplacement », mais il est aussi le père de nombreux néologismes : *l'homme remplaçable*, les *inhéritiers*, et... la *décivilisation*, titre qu'il a donné à un ouvrage de 2011. Or, le mot s'est trouvé en mai dernier, dans la bouche du... Président de la République pour caractériser, lors d'un Conseil des ministres, la situation de notre pays, et demander à ses ministres de « lutter contre la décivilisation ». Sic ! Analysons donc cet autre mot camusien promis à une certaine prospérité...

Décivilisation, formé du nom *civilisation* et du préfixe *dé-*, qui indique un processus inverse à celui que désigne le nom ou le verbe auquel ce préfixe est ajouté, est un néologisme dont le sens est clair et dont la création se justifie. La civilisation étant un lent et long processus qui s'étale sur des dizaines de générations, ce que nous dit la formation même du mot avec deux suffixes – *iser* et – *ation*, qui désignent l'un et l'autre un processus, une action, des transformations (« Il faut du temps pour faire un homme » disaient naguère les moralistes). Il est donc juste de nommer *décivilisation* le processus inverse qui consiste à défaire ce qui a été lentement fait.

Un lent processus d'adoucissement des mœurs

La force de Renaud Camus tient à ce qu'il reste fidèle à la vieille idée morale, liée au savoir vivre, que les Français se sont faite et se font encore de la civilisation. Elle est différente de la conception anglaise, plus matérialiste et axée sur la production de biens, les machines, le progrès technique. C'est la conception de Mirabeau, celui-là même qui a fabriqué au milieu du XVIIIe siècle le nom *civilisation*, qu'il définit ainsi dans un manuscrit au titre éloquent, *L'Ami des femmes* ou *Traité de la civilisation* : « Si je demandais à la plupart en quoi faites-vous consister la civilisation, on me répondrait (que) la civilisation est l'adoucissement de ses mœurs, l'urbanité, la politesse, et les connaissances répandues de manière que les bienséances y soient observées et y tiennent lieu de lois de détail ; la civilisation ne fait rien pour la société si elle ne lui donne le fonds et la forme de la vertu ». Le penseur allemand Norbert Elias (1897-1990) décrit lui aussi la civilisation comme un processus qui adoucit les mœurs et rend les hommes, d'une génération à l'autre, plus humains, comme s'il fallait les faire se rapprocher d'un peu plus près de l'idéal d'humanité, dans un livre admirable, écrit en 1939, mais qui n'a été traduit et publié en français en 1973 puis 1977 dans deux volumes éblouissants : *La civilisation des mœurs* (1973) et *La dynamique de l'Occident* (1977).

Le Grand Remplacement accentue la décivilisation : comment un maître peut-il apprendre le processus de civilisation des mœurs, qui a fondé une civilisation millénaire, à une classe dont les élèves viennent tous d'ailleurs et ont acquis dans leur famille des règles de civilité, ou d'incivilité, toutes différentes ? Dans les classes « multiculturelles », ce sont les élèves « de souche » qui renoncent à ce que leur famille a tenté de leur enseigner pour se « déculturer » et adhérer aux rapports de force et à la brutalité des rapports entre filles et garçons qui sont en usage dans la « civilité » importée.

Le processus de décivilisation se lit comme à livre ouvert dans les manières de table de moins en moins souvent suivies (coudes sur la table, couteaux et fourchettes brandies, discours tenus la bouche pleine, mastication voyante, etc.). Ces manières imposent une forme, elles obligent tout individu à prendre conscience qu'il n'est pas seul au monde et que l'autre existe, dont il convient de tenir compte ou de lui laisser une place ; en bref, à se départir un peu de soi-même. Ce processus est manifeste aussi dans l'affaissement de la langue elle-même, dans le triomphe du *cestvraiquisme* et du *soimêmisme* et dans le rejet de la syntaxe, celle-ci étant un « détour » faisant une place à l'autre. Asserter, c'est poser comme vrai ce que l'on dit. Si chaque individu ressent le besoin de faire précéder toute assertion d'un « c'est vrai que » qui la redouble ou la renforce, c'est que le rapport à la vérité s'est affaibli. La parole a perdu de son crédit, elle se démonétise, on ne tient plus aucun engagement, la confiance s'effrite, le lien social se distend, peu à peu l'ancienne société de la confiance se mue en société de la défiance généralisée, le processus de civilisation s'enraye. La décivilisation se lit aussi dans le refus de toute transmission et de tout héritage. Sinon toute la culture, du moins une très grande partie de celle-ci s'hérite. Or pour rétablir une « égalité » fantasmée, on nie l'héritage ou le patrimoine, dans les deux sens, privé et public, de ce terme, on brise la transmission qui, pendant deux ou trois millénaires, a nourri le processus de civilisation.

Le regard, une toute autre « sociologie »

Cet ouvrage est admirable par le « discours de la méthode » qui y donne sens. Ce qui importe à Renaud Camus, c'est la connaissance de la réalité. Or, les « sciences » qui ont pour objectif de nous faire connaître le réel, à savoir la sociologie et autres sciences dites sociales, y échouent triomphalement. La connaissance est remplacée par des slogans ressassés.

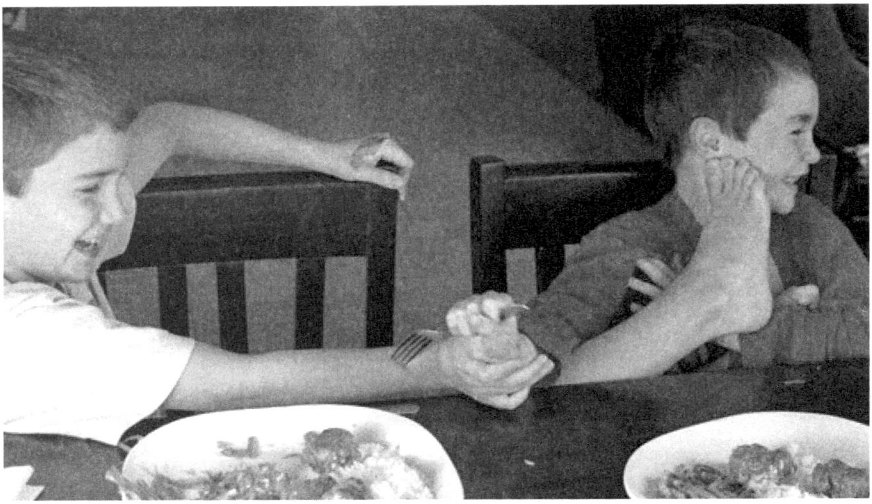

Le processus de décivilisation se lit à livre ouvert, par exemple dans les manières de table.

Les sociologues sont libres d'avoir une idéologie à laquelle ils croient dur comme fer. Le problème n'est pas là, mais dans le fait qu'ils présentent cette idéologie comme « la » connaissance, et la tératologie qu'elle engendre comme « la » réalité - cela grâce à d'importants moyens financiers que lui prodigue un Etat aveugle.

À cette prétendue « science », Renaud Camus oppose les arts, le regard, les paysages, l'architecture, la langue, la littérature qui en disent beaucoup plus que les « sciences », subventionnées jusqu'à plus soif, sur la réalité des choses. Il nous apprend à regarder le monde, à être sensible aux formes, à écouter le bruissement des choses, à entendre l'autre ou les autres... C'est par l'attention aux formes visibles, aux réalités tangibles, à tous les phénomènes, à tout ce qui se produit et arrive, à tout ce qui est sensible que l'on parvient à une connaissance solide du réel. ■

Renaud Camus, *Décivilisation*, Fayard, 2011, 214 pages, 17 euros.

La cuisine traditionnelle (sans conservateur)

Un patrimoine plus que vivant : les bistrots parisiens

par **Olivier de Laubarière**

L'origine du mot bistro(t), qui s'écrit indifféremment avec ou sans t, est incertaine. Une légende montmartroise en attribue la paternité aux troupes russes occupant Paris en 1814. Les Français n'ont pourtant pas attendu les Cosaques pour désigner un débit de boissons : taverne, estaminet, buvette, gargote, troquet, tripot, bouchon, café, bar… Toujours est-il qu'il faut attendre 1884 pour que le mot bistrot apparaisse dans la littérature sous la plume de l'abbé Moreau, aumônier des prisons de la Roquette. Le mot désigne alors un marchand de vins, puis le tenancier d'un débit de boissons (d'où le féminin bistrote) avant de qualifier l'établissement lui-même. A la fin du XIXe siècle, l'essor des bistrots est indissociable des bougnats, ces marchands auvergnats et aveyronnais de bois et de charbon qui vont étendre leur activité aux vins et spiritueux (la limonade). Mais cela ne suffit pas à ces travailleurs gros pour qui les 35 heures correspondent à un travail à mi-temps. Ils font venir de leurs contrées des salaisons et autres produits consommés simplement au comptoir - quelquefois en salle pour ceux qui décident de se lancer dans la restauration. C'est ainsi que les bistrots vont essaimer dans tous les quartiers de la capitale en se dotant d'un cadre quasi immuable quels que soient les arrondissements - mais ce cadre est adopté également par des brasseries et des restaurants, ce qui est susceptible de créer une confusion. En forçant un peu le trait, les bistrots ne comportent jamais de banc d'écailler, ne mettant pas à l'honneur les produits de la mer comme les brasseries ; ils ne font pas de la qualité du service et de la carte des vins une préoccupation majeure, comme les restaurants.

Pourvu ou non d'une terrasse (son absence permet de mieux se préserver du monde extérieur), le bistrot présente une devanture en bois, souvent peinte de couleurs vives afin de mettre en valeur le nom de l'établissement. Des rideaux à mi-hauteur recouvrent les parties vitrées, y compris la porte d'entrée. Le sol en carreaux de ciment à motifs ou en mosaïque de cassons laisse parfois apparaître les contours d'un monte-charge à trappe articulée, dont le fonctionnement fascine les plus blasés. Le comptoir, autrement dit « zinc » où l'on pose un coude afin de mieux lever l'autre, supporte la tireuse à bière. Derrière lui, les frigos sur lesquels trône la machine à café, qui renvoie au temps des locomotives à vapeur. Les tables à touche-touche, dont la manipulation nécessite un personnel adepte du *Rubik's Cube*, peuvent être recouvertes de toile cirée Vichy rouge, à condition toutefois que les serviettes soient en satin de coton blanc : sur ce point, la clientèle est intraitable. Quant à la vaisselle, si les assiettes portent le logo du bistrot, c'est tout de même mieux. En matière de sièges, la présence de banquettes entraîne une discrimination dont s'accommodent les féministes les plus enragées : un couple dont l'homme désirerait être assis sur la banquette et la femme sur une chaise serait considéré comme déviant. Si les tables à piétement en fonte et plateau en marbre sont rares, le style bistrot des années 1900 est encore largement répandu grâce à la réédition du mobilier de Thonet.

La cuisine de bistrot : le terroir, rien que le terroir

Les murs garnis de miroirs à hauteur de cimaise permettent d'observer la salle tout en lui tournant le dos. Quand ils sont peints, ils servent souvent à accrocher des photos sépia ou noir et blanc rappelant l'histoire de l'établissement et de ses tenanciers. Un interdit unanimement respecté : l'art contemporain, car il coupe d'emblée l'appétit. En ce qui concerne le personnel de salle, les fidèles des bistrots ont pour seule exigence la gentillesse, saupoudrée d'une dose d'humour. C'est ainsi que les serveuses en robe noire et tablier blanc de *Chez Georges* (IIe) et les serveuses en tenue décontractée de *Chez Fernand* (VIe) n'ont pas leur pareil pour soigner des clients atteints de dépression.

Un interdit unanimement respecté : l'art contemporain, car il coupe d'emblée l'appétit.

Jusqu'à une période récente, la clientèle des bistrots se composait presque uniquement d'habitués. La multiplication des guides et la déferlante *internet* ont quelque peu modifié cet entre-soi, qui fait pourtant de la résistance. Dans les oasis où la convivialité perdure, les différences sociales s'estompent grâce à un équilibre subtil entre respect mutuel et familiarité, aussi bien entre le service et la clientèle qu'entre les clients eux-mêmes.

Se sentir chez soi dans son bistrot préféré est l'aboutissement d'un processus qui se mérite et prend du temps. Le résultat est à la hauteur quand on en arrive à éprouver un plaisir égoïste à déjeuner ou dîner seul en sachant qu'il est possible de rompre à tout moment une solitude qui n'a rien de masochiste. Ainsi, il suffit de prononcer négligemment certains mots en sirotant un blanc sec au zinc ou en passant la commande pour que la conversation s'engage avec le patron ou les voisins de table. A ce jeu, la *Dingo*, avec ses surmulots, ses trottinettes et ses bobos gavés aux grains de chanvre est une valeur sûre. Evoquer la Fête de la musique sur le perron de l'Elysée en juin 2018 est l'assurance de vous faire des copains à la vie à la

La superbe devanture de chez Allard (VIe), à l'angle des rues Saint-André des Arts et de l'Eperon, sacralise un héritage culinaire enrichi par touches homéopathiques..

mort. La clientèle des bistrots n'est pas révolutionnaire. Vanter les mérites du véganisme ou des régimes minceur alors que le plat du jour est une tête de veau ravigote ne peut être le fait que d'esprits malfaisants égarés dans le quartier. Chez les Auvergnats et les Aveyronnais, prendre Che Guevara pour modèle entraîne un naufrage social.

Qui connaîtrait l'Aubrac sans les bistrots ?

Tant pour la nourriture que pour les vins, la préférence nationale s'impose. Le riz cantonnais, le goulasch et les coteaux de Mascara ne s'accommodent guère de l'ADN des bistrots, à savoir la mise en valeur des richesses de nos terroirs. D'ailleurs, l'ardoise et la carte sont là pour informer la clientèle sur l'origine et les noms des fournisseurs, révélant une France profonde largement oubliée. Qui connaîtrait l'Aubrac sans les bistrots ?

L'esprit des bistrots, c'est aussi de conserver à la carte la plus humble des entrées, l'oeuf mayonnaise.

L'amoureux des bistrots n'est pas un aventurier. Il n'a pas l'âme d'un Magellan. Aussi a-t-il besoin d'être en permanence rassuré par la présence pérenne d'entrées, plats et desserts sans lesquels la vie ne vaut pas la peine d'être vécue : oeuf mayonnaise, harengs pommes à l'huile, andouillette, blanquette de veau, baba au rhum (ou l'inverse), millefeuille, etc. Le risque, comme pour la schnouf, c'est la dépendance, rapide et définitive pour quiconque goûte le riz au lait crémeux de *L'Ami Jean* (VIIe). Autant dire que les inconditionnels de la cuisine de bistrot n'éprouvèrent guère de compassion pour Ferran Adria quand, malgré son génie, le catalan fut contraint de fermer *El Bulli* en 2011. Il est clair que pour les cuisiniers inconditionnels des sauces et des ragoûts, la cuisine moléculaire demeure largement incomprise. Mais pas seulement sur le plan culinaire : prendre le risque de se faire péter en pleine gueule un siphon ou une bonbonne d'azote liquide n'est pas une fin en soi. Il n'y aucune honte à avoir la trouille.

L'esprit des bistrots c'est aussi conserver à la carte la plus humble des entrées, l'oeuf mayonnaise. C'est avec l'obstination du fox-terrier que *Le Voltaire* (VIIe) continue de proposer coûte que coûte cette entrée emblématique au prix de 0,90 €. Vous avez bien lu. Fondateur de l'association "Les amis des bistrots", le regretté Claude Lebey crée en 2010 l'ASOM (*Association pour la sauvegarde de l'oeuf mayonnaise*). Depuis, ses membres se réunissent chaque année pour décerner un prix, ce qui implique de départager les concurrents en appréciant la cuisson de l'oeuf, la texture et le goût de la mayonnaise, ainsi bien sûr que l'accompagnement. Le 4 décembre dernier, le jury, présidé par Guy Savoy, a remis la médaille d'or au bistrot *Au Moulin à Vent* (V^e^), lequel venait de recevoir en octobre le trophée Pudlowsky du Bistrot de l'Année : consécration pour un établissement détenteur d'un aimant gastronomique, la poitrine de veau confite quinze heures accompagnée d'un gratin dauphinois.

Baba au rhum (ou l'inverse)

Pour de multiples raisons, le nombre de bistrots n'a cessé de décroître depuis l'après- guerre. Conscient que la cuisine traditionnelle n'est pas la cause de ce déclin, le béarnais Yves Camdeborde inventa dans les années 90 un concept désormais connu sous le nom de bistronomie. Il consiste à servir une cuisine inventive issue de la haute gastronomie tout en respectant ce qui fait l'âme des bistrots : le cadre, l'ambiance, la convivialité, les plats intemporels, la qualité des produits des terroirs, et des vins que l'on peut apprécier sans être obligé de détenir un diplôme d'oenologie. Le succès fut tel qu'il incita de nombreux grands Chefs à lui emboîter le pas. Un exemple parmi d'autres. Créé par des Bourguignons en 1932, *Allard* (VIe), qui ronronnait gentiment, est repris en 2013 par Alain Ducasse. Ce dernier conserva la superbe devanture située à l'angle des rues Saint-André des Arts et de l'Eperon et sacralise un héritage culinaire enrichi par touches homéopathiques.

Se sentir chez soi dans son bistrot préféré est l'aboutissement d'un processus qui se mérite et prend du temps.

Pour terminer sur une autre note optimiste, saluons l'initiative d'une association fondée en 2018, dont le but est de faire inscrire les bistrots de Paris au patrimoine culturel immatériel de l'Unesco ! ■

Conservateurs & Souverainistes

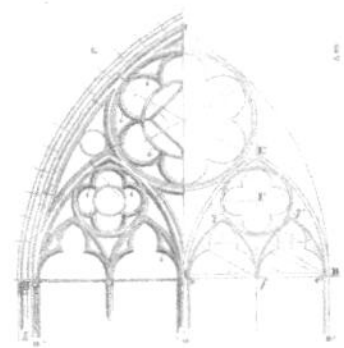

« Ce qui rapproche, ce n'est pas la communauté des opinions,
C'est la consanguinité des esprits »
Marcel Proust, *A la recherche du temps perdu*

Tandis que les certitudes des modernes, qui disaient dépassées les guerres à l'ancienne et la pérennité des territoires nationaux, sont quotidiennement démenties, les conservateurs et les souverainistes savent bien, eux, que les peuples restent attachés à leur terre et à leur souveraineté, ce qui consonne avec la vitalité du *Nouveau Conservateur*, dont on découvrira dans ces pages qu'il construit patiemment et progressivement de multiples prolongements. Nous rétablissons la rubrique « Kiosque » qui ouvre ce chapitre. Nous mentionnons notre compte « X » (@LNCRevue) dont nos lecteurs sont invités à développer l'audience. Nous rappelons aussi l'importance croissante de notre site, lequel s'étoffe de nouvelles rubriques et d'articles originaux. Nous annonçons l'organisation trimestrielle de soirées théâtrales au Théâtre du Nord-Ouest, ainsi qu'un nouveau cadre pour nos rencontres : désormais, au lendemain de la publication de chaque numéro, *Le Nouveau Conservateur* proposera une conférence-débat de 18 à 20 heures, suivie pour ceux qui le désirent d'un dîner au restaurant Roger la Grenouille : 28, rue des Grands Augustins 75006 - Paris (métro : Odéon), dont la première se tiendra le 21 mai. Nos émissions sur Radio Courtoisie et la diffusion de nos conservations sur TVLibertés continuent bien évidemment. Nos abonnés et lecteurs découvriront programmes et dates de ces évènements dans les dernières pages.

Philippe de Saint Robert et Paul-Marie Coûteaux rendent un double et complémentaire hommage à l'amiral Philippe de Gaulle, qui, à presque cent ans, s'abonna au *Nouveau Conservateur* ; Laurence Trochu consacre son habituelle chronique à l'oikophilie (goût de la maison) ; Catherine Rouvier, de son côté, chronique le *Peut-on encore être conservateur ?* d'Armand Rouvier. Les conservateurs sont très actifs sur les réseaux sociaux inspirant la sélection par notre rédacteur en chef des *Touittes de la saison.* Nous remercions nos lecteurs pour l'abondance et la pertinence de leurs courriers, dont nous ne pouvons présenter ici qu'une petite sélection.**/PP**

Kiosque

Nous avons trouvé dans les médias, sites et réseaux sociaux, quatre perles…

1 - *Sur Gaza et la Palestine*

Libres propos d'Édouard Husson : Qui réveillera la conscience de nos dirigeants face à Gaza ? *(Publié sur Groupe Gaulliste Sceaux, le 24 février 2024)*

« Nous vivons des événements terrifiants à Gaza. Et les dirigeants français se taisent, regardent ailleurs, n'entreprennent rien ! Le gouvernement Netanyahu, après avoir causé la mort de 30 000 civils gazaouis (au moins) par des bombardements qui ont fait aussi 70 000 blessés, est en train d'affamer 500 000 personnes restées au nord et au centre de Gaza. Le même gouvernement menace de bombarder le million et demi de Gazaouis désormais entassés à Rafah.

Le FMI et les États-Unis se livrent à un ignoble marchandage : l'Égypte bénéficiera de nouveaux prêts pourvu qu'elle accepte d'accueillir les Palestiniens de Gaza dans le Sinaï. Le monde occidental, qui n'avait que le devoir de mémoire à la bouche, voit un gouvernement qui laisse le choix à deux millions de personnes entre nettoyage ethnique et génocide ; et il s'en fait complice. Les États-Unis continuent à livrer des bombes à Tsahal, mettant leur veto à la résolution algérienne de cessez-le feu ! La Grande-Bretagne soutient Tsahal par des missions régulières de surveillance aérienne de la bande de Gaza. Et le gouvernement de mon pays continue ses petites affaires, ne s'émeut pas plus que cela. Les médias établis ne disent rien ! Les évêques de France se taisent ! Alors que les actions d'Israël sont tellement disproportionnées qu'elles n'ont plus rien à voir même avec une vengeance pour le 7 octobre, on trouve encore des gens pour disserter sur la nature de tel ou tel mouvement combattant palestinien …

On se doute bien que si Netanyahu arrive à ses fins, l'effet boomerang de moyen et long terme pour Israël sera terrible.

Qui peut détester Israël au point de l'encourager à continuer dans l'impasse actuelle ? Qui peut supporter une minute de plus que deux millions de Palestiniens soient exposés à la faim, aux épidémies, aux bombardements et au nettoyage ethnique?

Le président de la République veut-il finir maudit par les générations à venir de Français pour n'avoir pas vu où était son devoir ? Nous avons une chance et nous ne la saisissons pas : les pays musulmans, à commencer par l'Iran, mais aussi la Russie, la Chine font tout pour éviter le pire, à savoir un embrasement généralisé. Nombreux sont les pays qui cherchent une solution diplomatique. La France devrait s'activer, nous devrions être en pointe pour imposer des Casques Bleus sur le terrain. Nous sommes gouvernés par des gens sans imagination, ni courage ni conscience ! » .

2 - *Les véritables adversaires que visent les États-Unis sont ses alliés européens*

Cf2R
Centre Français de Recherche sur le Renseignement

Tribune libre de Michael Hudson :

« Le rideau de fer des années 1940 et 1950 était ostensiblement conçu pour isoler la Russie de l'Europe occidentale, afin d'empêcher l'idéologie communiste et la pénétration militaire. Aujourd'hui, le régime de sanctions est orienté vers l'intérieur, afin d'empêcher les alliés européens d'accroître leurs échanges commerciaux et financiers avec la Russie et la Chine. L'objectif des États-Unis n'est pas tant d'isoler la Russie et la Chine que de maintenir fermement ces alliés dans son orbite économique. Les alliés doivent renoncer aux avantages liés à l'importation de gaz russe et de produits chinois et acheter du GNL américain et d'autres produits d'exportion à des prix beaucoup plus élevés, notamment un plus grand nombre d'armes. Ce qui inquiète les États-Unis, c'est que l'Allemagne et d'autres pays de l'OTAN ont compris les gains qui pourraient être réalisés en ouvrant leur commerce et investissements aux Russes.

La pression croissante exercée par l'Amérique sur ses alliés menace de les faire sortir de l'orbite américaine. Pendant plus de 75 ans, ils n'ont eu que peu d'alternatives pratiques à l'hégémonie américaine. Mais les choses sont en train de changer. L'Amérique n'a plus la puissance monétaire et les excédents commerciaux qui lui ont permis d'élaborer les règles mondiales en matière de commerce et d'investissement.

L'exemple le plus flagrant est la volonté des États-Unis d'empêcher l'Allemagne d'autoriser la construction du gazoduc Nord Stream 2 afin d'obtenir du gaz russe Le seul moyen qui reste aux américains pour bloquer les achats européens est d'inciter la Russie à réagir militairement, puis de prétendre que la vengeance de cette réaction l'emporte sur tout intérêt économique purement national. Comme l'a expliqué la sous-secrétaire d'État aux affaires politiques, Victoria Nuland, lors d'une conférence de presse au département d'État le 27 janvier 2022 : « Si la Russie envahit l'Ukraine, d'une manière ou d'une autre, Nord Stream 2 n'ira pas de l'avant.. Le problème est de créer un incident suffisamment offensif et de dépeindre la Russie comme l'agresseur. «

L'Europe doit imposer des sanctions au prix d'une hausse des prix de l'énergie et de l'agriculture en donnant la priorité aux importations en provenance des États-Unis et en renonçant aux liens avec la Russie, le Belarus et d'autres pays en dehors de la zone dollar. L'ironie, c'est que les sanctions contre la Russie et la Chine ont fini par les aider plutôt que de leur nuire. Mais l'objectif premier n'était pas de nuire aux économies russe et chinoise, ni de les aider. Après tout, il est évident que les sanctions obligent les pays visés à devenir plus autonomes. Privés du fromage lituanien, les producteurs russes ont produit leur propre fromage et n'ont plus besoin de l'importer des États baltes. La rivalité économique sous-jacente de l'Amérique vise à maintenir les pays européens et ses alliés asiatiques dans son orbite économique de plus en plus protégée. … ».

3 - Où les réseaux sociaux cassent les « narratifs » offciels

Compte de Silvano Trotta (officiel)

« Pendant que le président Biden reçoit l'épouse d'Alexei Navalny, la mère de ce dernier s'en prend à elle dans une lettre ouverte sensationnelle :

Chère Yulia Borisovna Abrosimova, je veux maintenant m'adresser à vous. Vous avez vu mon fils pour la dernière fois en février 2022. Vous n'avez pas d'interdiction d'entrée en Russie, pas une seule affaire criminelle n'a été ouverte contre vous, mais vous n'êtes jamais venue lui rendre visite en deux ans. En fait, depuis le printemps 2021, vous n'êtes pas mariée à mon fils, vous apparaissez publiquement en société avec d'autres hommes. C'est vous qui l'avez forcé à venir en Russie alors qu'il venait de sortir du coma et qu'il n'était pas en mesure d'évaluer la situation. C'est vous qui avez forcé le transfert de tous les biens d'Alexei à votre profit. Vous avez même déshérité votre propre fils, c'est pourquoi il ne vous parle pas.

J'ai trouvé étrange de vous voir sourire, quelques heures après la mort d'Alexei, parler en son nom à Munich. Comment osez-vous vous approprier sa voix après sa mort ? Vous n'avez même pas fait de pause par décence, vous n'avez pas observé le deuil. Vous avez couru pour vendre sa mort. Vous êtes une personne vile et basse. Je vous méprise et vous interdit de spéculer sur le nom de mon fils. »

*

4 - Qui dirige le monde ?

Site Péonia @CalliFanciulla

« Un haut responsable de BlackRock déclare dans un enregistrement en caméra cachée que les États-Unis ne sont pas dirigés par le président Biden, mais par les cabinets de conseils, les fondations, les fonds spéculatifs, les banques, BlackRock &Cie...

Toutes ces institutions financières achètent des politiciens, et financent notamment leurs campagnes électorales. BlackRock dirige le monde, en achetant, diversifiant ses investissements dans des secteurs différents, de l'alimentation aux boissons en passant par la technologie. Si l'un d'entre eux fait faillite, ce n'est pas grave, vous pouvez compter sur les neuf autres pour vous soutenir. BlackRock est connue comme la société qui possède le monde parce qu'elle détient des participations dans presque toutes les grandes sociétés du monde et dans tous les secteurs. Son portefeuille comprend des actions de toutes les grandes entreprises américaines. Son pouvoir est tel que Blackock a été qualifié de quatrième pouvoir par la presse, mais en fait c'est le tout premier pouvoir.

La guerre en Ukraine est bonne pour les affaires : il faut en être conscient qu'en tant que pays dirigé par BlackRock, nous voulons que ce conflit ne se termine pas. Par exemple : lorsque la Russie bombarde les silos à grains de l'Ukraine, le prix du blé explose. La volatilité permet de réaliser des bénéfices. La guerre, c'est sacrément bon pour les affaires. »

Sic !

Hommage

Philippe de Gaulle

par **Philippe de Saint Robert**

Philippe de Saint Robert.

Il était le plus précieux de nos abonnés, celui dont l'équipe du Nouveau Conservateur était le plus fier. Pour son nom, bien entendu, et pour ce que ce nom évoquait : le plus constant de la France. Mais pas seulement : aussi pour l'image exemplaire de dignité et de rigueur qu'a su garder en toutes circonstances ce jeune résistant qui contribua à la Libération de Paris dans des conditions périlleuses et qui, après une grande carrière dans la Marine Nationale, devint sénateur de Paris, se tenant toujours à la hauteur de la mémoire de son père - chose bien difficile. Il était normal que nous demandions à Philippe de Saint Robert qui nous honore d'une tribune régulière depuis notre premier numéro et qui, après avoir été, de 1967 à 1969, l'un des interlocuteurs réguliers du Général de Gaulle à l'Elysée de rendre en notre nom hommage à son fils, l'amiral Philippe de Gaulle, dont il devint l'ami. Un grand écrivain rend hommage à un grand personnage en souvenir d'un grand chef d'Etat : il fut un temps où l'on vivait, en France, à cette hauteur...

La mort de l'amiral Philippe de Gaulle m'atteint à l'étranger, me privant de me joindre au dernier hommage qu'on lui rend. Cet hommage fait figure de révélation tant l'homme auquel il s'adresse fut modeste et réservé. Je ne suis pas sûr qu'il ait aimé l'ombre dans laquelle il dut vivre, mais il l'accepta avec le sens du devoir qui était le sien.

J'ai souvent rencontré Philippe de Gaulle et j'ai correspondu avec lui. Il eut la bonté de m'écrire que j'étais de ceux qui avaient le mieux compris son père. C'était moins un compliment qu'il voulait me faire qu'une distance qu'il voulait marquer avec des héritiers politiques qui ne se cachaient pas d'organiser des *aggiornamentos* avec l'essentiel de son grand dessein. La première fois que je le rencontrai, c'était à son bureau de l'avenue de Suffren. Il était encore sous l'uniforme après la mort du Général. Il me désigna un tiroir de son bureau pour me signifier que les héritiers de l'époque ne cessaient de le rappeler à son devoir de réserve. C'est pourquoi ce n'est que dans la dernière partie de sa vie qu'il se consacra à dire ce qu'il savait et ce qu'il avait vécu. Ces contributions demeurent essentielles au récit de l'histoire incarnée par le Général.

© Fondation Charles de Gaulle

Le général de Gaulle et son fils l'amiral Philippe de Gaulle à bord d'un bateau sur le Rhin entre Düsseldorf et Duisbourg, en septembre 1962.

Ce sont deux grands témoignages qu'il nous laisse : ses *Mémoires accessoires*, dont le titre est révélateur de l'humble rôle qu'il s'attribue, et deux volumes d'entretiens avec Michel Tauriac sous le titre *De Gaulle mon père*, dans lesquels il n'a de cesse de compléter et de préciser l'image de son père. Sa contribution est sans égale, car aucun historien ne peut avoir l'éclairage de Philippe de Gaulle, non seulement parce qu'il était son fils, mais parce qu'il avait épousé et suivi sa cause dès la grande aventure de juin 1940.

Philippe de Gaulle écrit de son père : « Ce qui intéresse chez lui, c'est non seulement l'homme d'Etat qui a marqué fortement et incomparablement son pays et son siècle dans toutes les situations ou les circonstances auxquelles il a dû faire face, mais aussi l'homme intime en qui chacun s'efforce de découvrir la personnalité profonde, sinon les secrets de sa réussite. En dépit des apparats officiels, des froideurs de la souveraineté nationale, des réserves de la hiérarchie, auxquels est astreint celui qui doit assumer les plus hautes fonctions de la République au nom du peuple français, Charles de Gaulle aimait la simplicité dans sa façon de vivre en privé et il était doué d'une profonde sensibilité de cœur.[1] »

Le fils du Général a toujours insisté sur ce côté sensible de son père qui n'apparaissait pas en public : « Toute ma vie, écrit-il, j'ai eu le privilège de me faire une certaine idée de mon père, du général de Gaulle, dont je voudrais qu'elle fût partagée par le plus grand nombre possible, lui qui avait eu la qualité, à un degré exceptionnel, de se faire une certaine idée de la France.[2] »

Les pages peut-être les plus émouvantes que livre Philippe de Gaulle à Michel Tauriac dans ses entretiens sont celles consacrées à Mme de Gaulle lorsqu'il évoque devant lui les derniers jours de sa mère à la lumière de la foi chrétienne qui a toujours été la source spirituelle de sa famille, même si le Général n'en parlait que discrètement à la fin de ses discours de vœux de fin d'année en invoquant la protection de Dieu. On y apprend que Mme de Gaulle a confié à son fils un billet manuscrit du Général qui lui avait été

[1] Philippe de Gaulle, *De Gaulle*, éditions France Loisirs, 1990, p. 6.
[2] Ibid., p. 7.

porté par un officier de son état-major en juin 1943, en Grande-Bretagne, où elle était restée avec ses deux filles alors que le Général venait d'arriver à Alger, billet qu'elle gardait précieusement. Philippe de Gaulle confie : « Il en dit long sur l'amour que mon père éprouvait pour elle. Je vous le livre :

Il est là qui écrit à son bureau. Il a devant lui le portrait de sa chère petite femme chérie qu'il admire et qu'il aime tant ! Et voilà que, du coup, tout son amour lui remonte au cœur et il se dépêche de le dire à Yvonne. Tous les deux, bien appuyés sur l'autre physiquement et moralement nous irons très loin sur la mer et dans la vie pour le meilleur et pour le pire[3].

Il est éclairant de voir que ni Charles de Gaulle, ni Yvonne de Gaulle, ni Philippe de Gaulle n'ont eu besoin qu'on leur enseigne par voie législative comment mourir dans la dignité. ■

[3] Philippe de Gaulle, *De Gaulle mon père*, Entretiens avec Michel Tauriac, Tome 2.

13 mars 2024. Mort, cette nuit, de Philippe de Gaulle. Plongée dans mes souvenirs, d'abord ceux de l'Institut Charles de Gaulle où je l'ai souvent croisé, du temps que j'y avais un bureau, admirant ce fils qui ne chercha jamais à être autre que fils et dont je me disais que, sans doute, il n'avait choisi la Marine que pour n'être pas un jour, lui aussi, général. Quand, à presque cent ans, il s'abonna au Nouveau Conservateur, nous envoyant un chèque si tremblé qu'il était presque illisible, j'avais pensé, dans ma joie, qu'il était naturel que cet homme fût devenu si vieux, tant il était simple.

Un jour de 1990, tandis que la France, glissant toujours davantage dans l'Obéissance au maître transatlantique, s'apprêtait à participer à une guerre contre l'un de ses alliés, l'Irak, j'eus l'honneur d'organiser chez un vieux complice, l'ambassadeur Jacques Raphaël-Leygues, un déjeuner entre Philippe de Gaulle, alors Sénateur de Paris, et Jean-Pierre Chevènement, qui était alors ce ministre de la Défense Nationale qui refusait d'obéir, que je servais, et qui m'avait demandé de l'aider à appuyer ses réticences sur de «grandes voix». La question fut réglée dès les entrées : « C'est simple, Monsieur le Ministre, la France ne fait pas la guerre des autres » avait prononcé la grande voix, avec ce sourire un peu piqué que je revois encore, où perçait l'amusement que suscite toute évidence quand l'évidence fait des ravages. Il était inutile de noter. Notre hôte répéta cette phrase, le ministre la reprit à son tour et ce fut tout. Dans la suite du déjeuner, nous parlâmes d'autre chose. Digne époque où la hauteur suffisait, où point n'était besoin de ratiociner sans fin – une époque où la parole était parole et le verbe acte. Chaque fois que je rencontrai Philippe de Gaulle, je fus frappé par cette hauteur simple, coutumière, et par l'étrange concordance de sa taille et de ses vues - une hauteur si évidente qu'elle n'était jamais hautaine et si naturelle qu'elle était bonne, comme le signe d'un monde en ordre. Sans doute le Général avait tôt enseigné à son fils la maxime que plus tard André Malraux transcrira dans Les Chênes qu'on abat : « Quand vous cherchez votre décision, regardez vers les sommets : il n'y a pas d'encombrement » : comme un ordre du monde. **(extrait du Journal de pmc)**

Sur ***Peut-on encore être conservateur ? Histoire d'une idée incomprise*** d'Armand Rouvier (éd. Buchet-Chastel, 2023)

Comment peut-on ne pas être conservateur ?

par **Catherine Rouvier,**
docteur en sciences politique,
auteur de *Gustave Le Bon - Clés et enjeux de la psychologie des foules*
(éd. Terramare, 2012, préface de Paul-Marie Coûteaux)

Catherine Rouvier.

Poursuivons avec Armand Rouvier notre série « Ce qu'être conservateur veut dire ». Jeune maître de conférences en histoire contemporaine à la Catho de Lille, il a écrit deux livres avec Jacques Barrot **De l'indignation à la foi** ***en 2012, puis, en 2015,*** **La République apaisée,** ***ouvrages parus aux éditions du Cerf. Armand Rouvier vient de publier un livre qui ne pouvait nous laisser indifférent*** **Peut-on encore être conservateur ? Histoire d'une idée incomprise en France** ***(Buchet-Chastel). Dès l'entrée, il avertit : « Le conservatisme, par sa nature, se refuse à la théorisation », pour nous promener dans la pensée conservatrice, laissant au long du chemin des cailloux blancs qui seront pour nous autant de repères. A ces références, Catherine Rouvier, docteur d'Etat en sciences politiques de l'Université Panthéon Assas (et qui n'a aucun lien de parenté avec l'auteur, malgré l'homonymie), ajoutera parfois les siennes, notamment pour répondre aux questions sur l'avenir du conservatisme formulées par l'auteur.***

« Se contenter du monde. Lutter pour qu'il demeure. » Cette phrase de Sylvain Tesson pourrait définir le conservateur français. « Heureux comme Dieu en France », le Français fait du conservatisme sans le savoir. Si on veut qu'il le reste, dans le tourbillon progressiste actuel, il faut lui expliquer, comme à monsieur Jourdain ce qu'est la prose, ce que signifie être conservateur.

Le conservateur est d'abord un homme libre. Michael Oakeshott, auteur anglais contemporain[1] qu'Armand Rouvier nous fait découvrir, affirme dans *On Human Conduct* (1975) que « le conservateur peut, s'il est libre, conserver et améliorer les acquis dans un monde familier ». Pourquoi « s'il est libre » ? Parce que le conservatisme n'est envisageable que si l'on a des raisons de conserver, lesquelles ne peuvent naître que de la liberté. Il y a là l'écho d'un constat qu'Aristote exprimait en une frappante métaphore : « il n'est point de musique en unisson ». L'Etat ne doit pas imprimer de force sa doxa, mais au contraire être le chef d'orchestre d'opinions différentes qui forment une société où chacun se sent libre d'avoir la sienne.

Mais pour conserver et transmettre, il faut aussi un patrimoine. Donc pas de *tabula rasa*. L'ennemi du conservateur, c'est la Révolution. Le conservatisme est donc *réactionnaire*. Les *Considérations sur la Révolution de France* d'Edmund Burke, parues dès 1790, peuvent être considérées comme le véritable acte de naissance du conservatisme. Or, pour lui, il ne s'agit pas seulement de conserver ce qui existe, mais bien de s'opposer, sur tous les plans, à la vision du monde promue par les révolutionnaires : le rationalisme radical, la tendance à l'abstraction, la suppression de tout ce qui vient du passé, héritage, transmission, tradition, continuité, lignage, racines, l'universalisme, qui présuppose l'oubli du particulier, du local, des petites structures et des corps intermédiaires et qui abandonne l'individu isolé au milieu de la foule, seul face à l'État totalitaire.

Ce conservatisme combatif s'abreuve à deux sources : le christianisme, mais aussi, et c'est l'originalité de l'ouvrage, la philosophie antique.

Premiers pas d'un mot à la fois ancien et neuf

René de Chateaubriand fondateur en 1818 de la revue *Le Conservateur* est plus libéral. Profondément monarchiste, il est nostalgique de l'ancien régime et « veut garder de l'ancien régime la religion et les principes éternels de la justice et de la morale », mais il admet qu'il faut « acter sa mort » en tant que monarchie de droit divin. De ce fait ; il va accepter « la franche adoption de la monarchie représentative ». Mais il sera vite débordé par les « ultras » - Joseph de Maistre et Louis Bonald, qui, écartés du pouvoir par Louis XVIII, décident, de lancer un nouveau journal, *Le Défenseur*, qui sonne le glas du *Conservateur*.

Les conservateurs libéraux, sous Louis Philippe, seront incarnés par Alexis de Tocqueville et François Guizot. Ce dernier, bien qu'hostile à la Révolution (son père avait été guillotiné et il avait dû fuir en Suisse avec sa

[1] Michael Oakeshott (1901-1990), après des études à Cambridge (1920-1923) et à Tübingen (1926-1929), enseigna l'histoire à Cambridge (1929-1950) puis à Oxford (1950-1951), Il fut ensuite professeur de science politique à la London School of Economics (1951-1967) et donna des conférences à Harvard en 1958 (*Morality and Politics in Modern Europe*, posthume, 1993).

mère) est désireux de servir la monarchie constitutionnelle. Il est ministre et fondateur du *parti conservateur* de 1840 à 1848. Son refus du suffrage universel (« Si vous voulez voter, enrichissez-vous ! ») lui sera beaucoup reproché. Comme Ernest Renan, il penche pour un « élitisme conservateur », car « la conservation de la civilisation est une œuvre aristocratique », tandis que « les masses ne votent que pour leur intérêt immédiat » et que de ce fait « le suffrage universel est l'instrument du despotisme »). Armand Rouvier pose la question suivante : pourquoi au début de XXe siècle les conservateurs sont-ils aussi nettement réactionnaires ?

Je me hasarderai à lui répondre que face a la persécution menée par la classe politique radicale socialiste envers la religion catholique porteuse, ô combien, de tradition en France, l'opposition conservatrice ne pouvait être que radicale. Elle va se reconnaître en Charles Maurras, l'Action Francaise et les diverses ligues patriotes. Les plus modérés, ralliés à la République, se retrouveront nombreux dans les ligues d'anciens combattants, en particulier les Croix de feu du colonel de La Roque qui deviendront le plus grand parti de l'avant-guerre, le *Parti Social Français.* On peut ajouter qu'il y a un romantisme du combat antirépublicain qui date des martyrs des guerres de Vendée, que vont relancer au XXe siècle l'expulsion en 1902-1903 des moines et moniales des couvents et la fermeture des écoles chrétiennes, puis la répression armée de la manifestation du 6 février 34.

> *« Pas de pouvoir qui ne vienne de Dieu par le Peuple »*
> *Saint Thomas d'Aquin*

Comme en écho au romantisme de Chateaubriand, Nicolas Gomez Davila[2], écrivain colombien va donner ses lettres de noblesse au réactionnaire. Dans *Le réactionnaire authentique*, publié en 1995 et traduit en français en 2005, il crée la figure littéraire du réactionnaire, dont il donne cette définition poétique : *« il est le chasseur d'ombres sacrées sur les collines éternelles »*

XXIe siècle, le grand retour des conservateurs

Armand Rouvier rappelle qu'Albert Thibaudet écrit en 1932 : « il n'existe pas plus de Conservateurs que de Droite officiellement inscrite ». Le mot *Droite* est du reste banni du vocabulaire institutionnel officiel pour un siècle. Il faudra attendre Nicolas Sarkozy pour qu'en 2007 un candidat à la présidence ose se dire « de droite ». La loi sur les associations de 1901 entraîne la naissance immédiate du Parti Radical, celle de la SFIO en 1905, d'où naîtra la SFIC [Section Française de l'Internationale Communiste] devenue plus tard le PCF. Il naîtra de tout cela une caste de politiciens ayant un quasi-monopole de la représentation. Ce mouvement « sinistrogyre » dont parle Armand Rouvier va ostraciser la droite pour longtemps, puisque Charles de Gaulle lui-même, catholique et conservateur, prendra soin de cultiver personnalités et mouvements gaullistes « de gauche ».

[2] Nicolás Gómez Dávila, né le 18 mai 1913 à Bogota (Colombie), mort le 17 mai 1994 dans la même ville.

Les libéraux eux-mêmes, qui sont ré-apparus dans le paysage politique de l'après-guerre n'avouent pas leur droitisme. Valery Giscard d'Estaing en est un exemple. Pour lui, « conservateur » est une injure. Pour cette droite anti-conservatrice, ne pas être *moderne* est inadmissible. Etre moderne, c'est s'avouer *progressiste*. Armand Rouvier écrit : « La Droite, dans la mesure où elle est un scepticisme sur les possibilités de créer un bonheur collectif, n'existe plus, car tout le monde est progressiste ». C'est finement observé, mais ce n'est vrai qu'en partie , car cela concerne une partie de la droite plutôt vacillante sur ses fondamentaux, comme celle de Juppé ou de Copé. En réalité, la droite conservatrice a simplement une autre idée du bonheur social : réformiste et non révolutionnaire, croyante et non athée, élitiste et non égalitaire, individualiste et non collectiviste, fondé sur la famille et l'entreprise, avec un Etat minimal se réservant pour ses fonctions régaliennes : sécurité, police, justice, affaires étrangères. Il semblerait que cette vision ose enfin s'affirmer à nouveau aujourd'hui.

Ce qui favorise le retour du conservatisme est le fait qu'un « progressisme » sociétal se soit installé dès l'arrivée au pouvoir de François Mitterrand en 1981 et qu'il se soit, depuis l'arrivée de François Hollande puis d'Emmanuel Macron, incarné dans une série de lois qui ont mis en charpie le socle civilisationnel moral de la France catholique. De ce fait, le conservateur, jusqu'ici présumé défenseur de l'ordre établi, est au contraire désormais vent debout contre ce désordre établi. Ce conservatisme combatif s'abreuve a deux sources : d'abord, bien sûr, le christianisme. Les milliers de jeunes qui ont la protesté contre la loi autorisant le mariage entre personnes de même sexe des 2013 ont formé les gros bataillons de « Sens commun », devenu en 2020 le « mouvement conservateur ». L'auteur signale, à juste titre, que « c'est la première fois depuis la dissolution en 1893 de l'*Union conservatrice* » qu'un parti prend ce nom.

Il est facile au leader politique de développer une thématique propre à lui attacher durablement la foule… et de faire perdre au peuple sa légendaire prudence conservatrice.

Christianisme mais aussi philosophies antiques

Le conservatisme peut aussi puiser son inspiration dans ce qui sous-tend toute notre civilisation : la philosophie gréco-latine. Dès la Renaissance, on assiste à un retour de l'antique dans l'art et la philosophie. Amand Rouvier aurait pu citer Erasme, Thomas More, Rabelais, mais il a choisi de nous parler de Michel de Montaigne et ce détour inattendu se révèle un vrai plaisir. Le titre de l'ouvrage *Les Essais* dit la modestie de l'auteur. A cinquante ans, après avoir passé sa jeunesse à voyager, il s'enferme dans la haute tour où est son cabinet de travail et là, c'est face aux portraits ou bustes des Anciens qu'il va travailler. Sénèque, Cicéron, Socrate, Aristote, Platon vont être les témoins non pas muets, car ils ont tant écrit, mais silencieux, du dialogue qu'il va poursuivre avec lui-même.

Le scepticisme antique peut être considéré comme véhiculant - comme le christianisme - ce qui est au fondement de l'attitude conservatrice : la croyance en l'imperfection de l'homme. Cette conviction conduit à « défendre l'ancien ordre des choses, fût-il imparfait » et a « rejeter les solutions abstraites aux maux du monde ». Pour « conserver et durer », il faut « se fier à l'expérience » et « s'appuyer sur les coutumes ». Bannir tout volontarisme, toute vision individuelle systématique et préconçue du pouvoir et, *a fortiori*, toute révolution. Pour Montaigne, « il faut avoir un grand amour de soi et une grande présomption pour envisager d'établir ses opinions dans le monde et ainsi troubler la paix publique ». Un écho de cette approche modeste nous est fournie deux siècles plus tard par Edmund Burke. Pour illustrer son opinion sur la loi qui, d'après lui, ne dépend pas de l'être humain en tant qu'individu mais qui est produite collectivement par les hommes au fil de l'histoire, Burke a cette formule saisissante : « l'homme est fou, mais l'espèce est sage ».

C'est séduisant. Mais n'est-ce pas une illusion ? De Saint Thomas d'Aquin au XIIIe siècle (*Nulla potestas nisi a Deo per populum* - « pas de pouvoir qui ne vienne de Dieu à travers le peuple ») à Alphonse de Lamartine proclamant en 1848 à propos du suffrage universel « On empoisonne un verre d'eau, on n'empoisonne pas la mer », la conviction de la capacité du peuple apte à se diriger, car il est « sage » et « conservateur », refait sans cesse surface. Le principal travail du conservateur serait de se battre pour que les conditions de l'expression régulière des désirs du peuple soient réunies. C'est ce qu'on entend beaucoup ces temps-ci dans la droite conservatrice : il faut un referendum !

« Résister à la tyrannie qui n'a pas de respect pour les coutumes et les traditions ». Nicolas Gomez Davila

Cependant, mes propres travaux sur le pouvoir de suffrage et la psychologie des foules et l'état actuel des découvertes des neurosciences sur le fonctionnement du cerveau humain nous incitent à la prudence. Le peuple n'est pas toujours conservateur. Lorsque Guizot récusait le suffrage universel, c'était justement parce qu'il pouvait être l'instrument de la dictature (il pensait aux plébiscites sous Napoléon Bonaparte). De fait, la vague des « dictateurs élus » au XXe siècle montre que la légendaire sagesse populaire peut se trouver périodiquement balayée par un vent violent et que le schéma dressé par Gustave Le Bon[3] dans *Psychologie des foules* en 1895 est toujours d'actualité. Comme les spectateurs d'un match ou les auditeurs d'un concert, une foule se crée autour de l'évènement qui lui-même génère une vive émotion. Dès lors, il est facile au leader politique de jouer sur la réactivation mémorielle d'un évènement historique majeur, de

[3] Gustave Le Bon est né le 7 mai 1841 à Nogent-le-Rotrou et mort le 13 décembre 1931 à Marnes-la-Coquette) est un médecin, anthropologue, psychologue social.

développer une thématique propre à lui attacher durablement la foule… et de faire perdre au peuple sa légendaire prudence conservatrice.

Les ré-élections de Mitterrand, Macron ou Hidalgo nous ont par ailleurs permis de mesurer combien, par temps calme cette fois, la « prime aux sortants » est réelle. Cette tendance à réélire le ou la même semble bien signifier que le peuple est plus *légitimiste* que véritablement conservateur. Alors, à la question pertinente posée par Armand Rouvier : « Le conservatisme a-t-il une vision positive à offrir ? », je répondrai oui, en m'appuyant sur Chesterton, pour qui il y a un « impératif réactionnaire », car il faut défendre la tradition « contre les progrès du progrès », et sur Nicolas Gomez Davila, pour qui il est non moins impératif de « résister à la tyrannie qui n'a pas de respect pour les coutumes et les traditions ». Le paradoxe est qu'une fois qu'on a lu le livre très apéritif d'Armand Rouvier intitulé *Peut-on encore être conservateur ?*, on a envie de renverser la proposition : « Comment peut-on ne pas être conservateur ? » ■

La Chronique de Laurence Trochu

Oikophilie, l'amour du « chez soi »

Laurence Trochu

Sur l'affiche officielle des Jeux Olympiques de Paris 2024, le Dôme des Invalides apparaît amputé de sa croix et le drapeau français a disparu. Négation de l'identité française et du symbole qui la lie à la chrétienté. Alors même que près de 55.000 édifices religieux et leurs clochers dominent toutes nos campagnes françaises, quel terrible symbole : à Paris, tandis que Notre-Dame est toujours privée de sa flèche, par un très malheureux « accident » (toujours pas d'enquête, soit dit en passant, que pourtant la Cour des Comptes continue à demander...), c'est volontairement que l'on retire la croix du Dôme des Invalides !). Qu'il s'agisse de préservation du patrimoine culturel ou du patrimoine naturel, les Conservateurs font face à une entreprise d'éradication nationale, qui est aussi morale et esthétique, dont il ne fait pas de toute que les Français sont loin d'approuver ; sans doute cherchent-il, du moins dans leur grande majorité, à sortir de la rationalité techno-progressiste et finalement nihiliste qui étend autour de nous ses ravages, comme l'exprimait dès le premier numéro du Nouveau Conservateur *(« Covid et Totalitarisme » - 2020), Diane de Bourguesdon : « C'est l'homme artiste qu'il faut réhabiliter, celui qui parfait et révèle la beauté de la Nature tout autour de lui, et non l'homme technicien qui sans cesse la traduit en chiffres et rationalité ». Dans sa chronique désormais régulière, Laurence Trochu, présidente du Mouvement Conservateur, dessine ici l'un des antidotes les plus simples au déracinement général : l'amour et le respect de soi, de sa famille, de son foyer, de son environnement immédiat, et de cette* oikophilie *(du grec oiko, qui est notamment la racine des mots écologie et économie) que nous devons et pouvons tous cultiver, en nous-mêmes et autour de nous (pmc).*

« On est chez nous ! » Ce cri du cœur, c'est celui des hommes et des femmes particulièrement conscients d'avoir quelque chose à perdre, un quelque chose qui leur tient à cœur : leur patrimoine culturel, y compris le plus proche. Ce cri du cœur répond à un instinct de conservation d'autant plus puissant aujourd'hui que tout le menace autour de nous, de la modernité marchande au wokisme, en passant par l'islam politique : or, nous pouvons tous y répondre.

Ce « on est chez nous » clamé dans les meetings politiques trouve son premier corollaire dans l'amour du « chez soi », expression plus habituelle chez les Conservateurs. Ce point est majeur et amoureusement explicitée chez notre cher Roger Scruton : « l'amour de la maison, un motif qui englobe tous nos attachements les plus profonds, créant au milieu de nos urgences, un abri dont les générations futures pourront aussi profiter ».

La simplicité toute humaine de l'Oikophilie

Pour les Conservateurs, l'ancrage local est la Nation, entité politique capable d'incarner un ancrage local qui soit à l'échelle du monde. Nous sommes dévoués aux personnes, aux endroits et aux façons d'agir qui nous nourrissent. C'est la racine même du patriotisme. Le conservatisme met l'accent sur les identités locales, les liens historiques de loyauté et d'interdépendance. Alors que le socialisme et le libéralisme ont des visions mondialisantes et virent de plus en plus souvent à l'éloge du nomadisme, le conservatisme est indubitablement local.

Au XVIIIe siècle, Edmund Burke s'opposait aux révolutionnaires qui s'arrogeaient le droit de dépenser, gaspiller ou de détruire tous les patrimoines culturels et naturels pour leur propre cause. Rappelons que les écoles, les fondations d'église, les hôpitaux - institutions qui avaient été fondées par des personnes libres pour le bénéfice de leurs successeurs - ont été expropriées ou détruites en grand nombre. Ces destructions ont continué et l'on en connait le résultat : gaspillage de l'épargne accumulée, menant à l'effondrement de l'éducation et à la perte des formes traditionnelles d'assistance, éducative aussi bien que sociale et médicale. En opposition à cette logique, Burke a développé trois idées qui sont autant de solutions. Il nous parle de respect des morts, du « petit peloton » et de la tradition.

Nos morts sont toujours des objets d'amour et de vénération. Les honorer et en perpétuer la mémoire, c'est planter dans nos cœurs la vision transgénérationnelle de la société.

Nos morts sont toujours des objets d'amour et de vénération. Les honorer et en perpétuer la mémoire, c'est planter dans nos cœurs la vision transgénérationnelle de la société. Reconnaître que c'est grâce à eux que nous sommes là est la meilleure garantie que nous modérerons nos appétits actuels dans l'intérêt de ceux qui sont encore à venir. La tendresse envers les ancêtres et ceux dont on raconte l'histoire familiale prépare à faire de la place à nos successeurs dans nos cœurs.

Le *petit peloton* répond au bon sens et au réalisme qu'on retrouve aujourd'hui par de nouvelles aspirations au localisme. On prend soin du chez soi, car on y est attaché. La société dépend de relations d'affection et de loyauté, et celles-ci ne peuvent être construites que de bas en haut, par des rencontres en face à face. Les ressources communes ne peuvent mieux être gérées de façon stable que par une communauté locale.

*Les visages de l'*oikophobie

Une chaumière au milieu d'un jardin, un idéal conservateur

La tradition est le lien vivant qui permet à une société de se reproduire et de durer. Détruire nos traditions, comme les wokistes s'acharnent à le faire, c'est en effet déconstruire le principe même de la société. Le pacte social exige une relation d'appartenance. Si on décide de notre avenir commun, c'est parce que nous reconnaissons que nous avons en commun hérité du passé. La responsabilité, familiale, sociale, politique naît de la conscience de la volonté de transmettre nos traditions et nos coutumes.

Nos adversaires, nous les connaissons : leur domaine d'action, ce ne sont pas les « petits pelotons », mais les supranationalités de tout poil, les ONG et les institutions supranationales. « Les premiers peuvent se tromper sans en subir les conséquences, ils ne sont imputables que devant leurs donateurs. Les secondes souffrent d'un déficit démocratique et elles érodent les volontés populaires au sein de bureaucraties qui ne disposent d'aucune légitimité », écrit Roger Scruton. Nos adversaires sont animés par le ressentiment ; cette rancune et cette amertume à l'encontre des enracinés et des héritiers est le moteur d'actions hargneuses et punitives. Ils instaurent un climat de peur. Et plus un sentiment d'urgence est instauré, plus les individus sont enclins à accepter les solutions radicales de la centralisation excessive et de la supranationalité aux mille visages. Ce n'est plus la raison qui prime, mais l'émotion. Ils détestent l'attachement local et le dénoncent comme « esprit de clocher » et patriotisme. C'est la « culture de la répudiation ».

Ils détestent l'attachement local et le dénoncent comme « esprit de clocher » et patriotisme. C'est la « culture de la répudiation ».

Eloge des Intendants

Pour prendre soin du « chez soi », il faut être des intendants. L'oikophilie est un appel à la responsabilité. Elle nous dit d'aimer et non d'utiliser, de respecter et non d'exploiter. En considérant une chose comme belle, nous la sortons de l'arène pratique et la dotons d'une valeur qui ne peut être cédée ou échangée. « C'est cette valeur intrinsèque de la beauté qui confère une utilité à long terme aux belles choses, une utilité qui vient seulement lorsque vous ne la poursuivez pas ». La recherche de la beauté et de l'harmonie dans les villes et les campagnes, thème qui a hélas déserté le discours politique, relève du simple amour du chez-soi. « Le foyer n'est pas n'importe quel endroit. C'est l'endroit qui contient ceux que nous aimons ; c'est le lieu que l'on partage, que l'on défend, pour lequel on peut encore être amené à se battre et à mourir », écrit encore Scruton. C'est la raison même de notre engagement. ■

Extraits du *journal* de PMC

Mardi 13 février. - Paris. Ces temps-ci, la grande affaire est « mon » Carême, confectionné cette année sur le mode sévère - Cinq Interdits Majeurs, carabinés. Je sais que, plus j'exigerai et plus j'obtiendrai : casser les habitudes, se détacher des chose, ne plus dépendre de rien ; l'art de vivre est comme tout art qui prospère par la contrainte et meurt de liberté – dit autrement, l'ascèse est une sûre conquête de la liberté.

Carême, toujours aimé le mot : esthétique de vie simple, de ligne claire et de piété régulière (tous les matins, messe de 7h30 à Saint-Germain-des-Près) sur fond d'hiver, de brouillards et de nuits profondes - d'autant profondes quand le ciel est clair et que l'œil illimite son regard jusqu'au vieil Orion et la bonne Betelgueuse, l'étoile géante et rouge dont on découvre sans cesse qu'elle est encore plus lointaine qu'on ne l'imaginait – je l'ai aperçue l'autre jour de mon pont (si bien dit « Neuf », puisque somme toute il l'est, avec ses quatre petits siècles de rien du tout...), elle tremblotait dans les brumes à presque cinq cents années-lumière, soit cinq cent fois neuf mille quatre cent cinquante et un milliards de kilomètres (elle est énorme, à côté d'elle le soleil est tout petit, bout d'incandescence égaré dans l'espace et le temps, et la terre est moins encore que rien, et nous etc.), j'ai aperçu Betelgueuse, donc, et l'ai longtemps regardée, assis sur un encorbellement glacé du Pont Neuf, pensant à ma grand-mère Katevana qui si souvent m'a répété de ne jamais oublier pas de regarder le ciel, longtemps, longtemps, tous les jours ! » (c'est en pensant à elle que j'ai appelé jadis mon petit parti le SIEL), et je crois qu'un bon nombre des misères de l'homme occidental vient de ce qu'il oublie l'enchantement du temps long comme de l'immense espace que les Anciens scrutaient, nourrissant leurs rêves à des échelles qu'on n'atteint plus, tant les Modernes se rabougrissent l'esprit en s'enfermant dans les minuscules affaires humaines (cf. Chardonne : « Il ne faut pas trop s'intéresser aux affaires humaines »). Tout cela à développer sans fin, et sans trop de points - comme je déteste le point, surtout quand il a l'air de se tenir pour final, alors qu'il ne saurait jamais l'être, et que toute phrase pourrait tant se prolonger, etc.

Adhonc, le Carême fut toujours pour moi l'une des périodes les plus agréables de l'année, quand les matins froids et les sombres crépuscules recroquevillent au plus près de soi, dans ce que John Cowper Powys nommait si bien « le sentiment océanique de l'univers », quand les pluies raniment secrètement les songeries, et cette intimité essentielle avec la Création qui, figée dans la veille et l'attente, appelleau plus secret de soi le Créateur. C'est pour ce recueillement frileux et tranquille que j'aime l'hiver, la plus religieuse des saisons, et la plus naturelle aux privations : moment de couper les basses branches, affaiblir en soi ce qui trop attache au monde, débusquer la part d'excès, de déceptions et de mensonges qui se cacherait dans de trop vifs attachements. Se raidir, se roidir. Me suis surpris tout à l'heure, déclinant une invitation à dîner « parce que je fais carême » à expliquer à mon interlocutrice interloquée ce qu'était le Carême, mot dont elle ignorait tout, et que je n'ai pu éclairer qu'en le comparant au ramadan – triste signe des temps, et de ce qui n'est plus une « Défaite de l'Occident » comme dit un sociologue (voici un demi-siècle que l'Occident est déconsidéré et défait), mais sa mort. De toutes façons, je préfère ne pas aller me perdre en lassantes coupes de champagne, confiseries choisies et graisses diverses chez ces païens de base - païens ?, je devrais dire « rien-à-cirer de base », si fiers de s'être libérés des superstitions, des aliénations religieuses, des enfermements moraux, si libérés de tout qu'ils ne sont plus que des vides, amas de malheurs intimes camouflés sous des tombereaux de bavardages. Du reste, je m'ennuie dès que je ne suis pas seul. Restons chez soi, et pensons tranquillement à l'univers entier, aux cieux étranges et aux dieux si lointains...

*

Mercredi des cendres, 14 février. Messe à St Germain. Je suis comme la vieille de Montherlant, qui « ne voulait pas mourir, car elle en apprenait tous les jours » ; je viens de découvrir le sens des fameuses (mais pour moi mystérieuses) cendres imposées sur le front des fidèles au premier jour de Carême. Il est pourtant simple, du moins tel que je commence à le saisir : à la fois signe de notre misère (« tu es poussière, etc »...) et de la renaissance pascale, symbole du cycle par lequel chaque chose renait de ses cendres.

La messe de midi était admirable. La présidait S.E. l'Archevêque de Paris, Mgr Ulrich, contre lequel j'étais passablement prévenu, mais qui m'a fait bonne impression - j'ai aimé la dernière phrase de son riche sermon : « Ouvrez vos cœurs aux dimensions du monde ! » ; j'eusse bien sûr préféré qu'il conclût : « Ouvrez vos cœurs aux dimensions de l'univers », mais il n'en faut pas trop demander, en fait de métaphysique, à un prélat si bien en cour... L'église était à peu près comble, chose étonnante à pareille heure, et l'Excellence elle-même était entourée de grand apparat (grandes draperies et chants célestes, pas moins de six prêtres, cinq enfants de chœur...). L'office était beau, emplissant les cœurs. J'implorai le Ciel de me délivrer de l'épais sarcophage où m'enferment mes égoïsmes et mes orgueils, quand je fus secrètement soumis à un exercice pratique immédiat : au moment d'aller me faire marquer le front, je découvris que, comme par instinct, je m'étais glissé dans la file de l'Archevêque, nettement plus fournie que ne l'étaient les six autres ; il me fallut me contraindre à dévier mon chemin pour, ratant l'archevêque, m'immiscer dans l'une des files de gauche que servait un simple prêtre. Je revins joyeux sur ma chaise, délivré des vanités, la petite croix sur le front. ■

Touittes de la saison

Nous avons récolté au fil de la saison quelques touittes remarquables, drôles, durs ou incisifs... qui montrent que les Français, au moins, n'ont pas perdu le sens commun.

Nicolas Dupont-Aignan

« Bilan catastrophique de la Macronie qui s'alarme d'un déficit à 5,6% du PIB au lieu des 4,9% attendus.
Ils auront pris toutes les pires décisions pour plonger la France dans la faillite.
Le 9 juin, retrouvons notre liberté ! »

Laurent Obertone

« Donc, quand des médias subventionnés qui font tout pour bénéficier d'un statut protégé / officiel répètent à l'envi que l'immigration n'existe pas, n'est qu'une chance, ou que l'insécurité est stable, ils ont forcément du mal à faire entendre leurs *expertises*. D'où la tentation d'accentuer la censure des canaux alternatifs. »

Philippe de Villiers

« Loi sur la fin de vie : une rupture anthropologique inouïe ! Nous entrons dans un monde complètement déshumanisé : c'est un basculement de civilisation. L'Homme postmoderne cède à la double tentation prométhéenne (dérober le feu) et faustienne (dérober la vie). Cela peut conduire à la fin du monde et de l'Homme. »

Florian Philippot

« On nous présente à la télévision française « les scénarios majeurs envisagés » pour masser des troupes françaises au sol en #Ukraine face à la #Russie ! On peine à y croire et pourtant c'est la réalité !
Il faut absolument diffuser ça partout pour secouer les gens ! Avec plans, cartes et l'idée, nous assure un militaire de plateau TV, que « ce ne serait absolument pas une provocation » et que la Russie ne le prendrait pas comme telle mais obéirait gentiment !... Ces gens veulent nous mener à la guerre totale ! Que chacun se dresse contre ça !
Soutenons les militaires français qui refusent de s'y engager ! »

Marion Maréchal

« J'ai toujours défendu l'union des droites. C'est un chemin vers la victoire. Il n'existe pas en France, sous la Ve République, de parti ayant gagné seul. En Europe aussi, toutes nos victoires passent par des coalitions. »

Jean-Frédéric Poisson

« Cette coalition des Souverainistes doit se faire coûte que coûte et peut envoyer des élus à Bruxelles. Nous n'avons jamais été aussi près de la réaliser ! Notre pays, notre continent, notre civilisation sont dans un tel état qu'aucune hésitation n'est encore supportable. »

Étienne Chouard

« Le Forum économique mondial est une organisation politique fanatique qui utilise la peur et la manipulation, comme l'hystérie Covid, comme le canular du réchauffement climatique, pour faire croire aux gens qu'ils sont les sauveurs, alors qu'en réalité c'est la fusion du grand gouvernement, de la grande technologie [et] du grand argent, pour créer une élite technocratique dirigeante, qui, comme par hasard, est la leur. Ils veulent créer un féodalisme 2.0, dans lequel nous sommes des serfs, et ils sont les seigneurs qui nous gouvernent »

Pierre-Marie Sève
(Institut Pour La Justice)

« Pendant que les élites glosent sur le sentiment d'insécurité, l'opinion publique est écrasante sur les questions de sécurité et de Justice. Dix sondages récents démontrent que le peuple français a largement pris sa décision en la matière. »

François Asselineau

« En 2008, le PIB des États-Unis équivalait à celui de la zone €, soit 14.000 Mds $. Quinze ans plus tard, la zone € plafonne à 15.000 Mds $, tandis que les États-Unis sont à 28.000 Mds $. Les médias interdisent d'en débattre »

<u>*Le Nouveau Conservateur devient un pôle multimédia :*</u>

Les Conversations du Nouveau Conservateur sur TVL...

Remercions TVLibertés, chaîne de ré-information, dont le succès est tel qu'il n'est plus besoin de la présenter, son Président Philippe Millau et et son directeur Martial Bild, d'avoir lancé en 2018 Les Conversations de Paul-Marie Coûteaux : il s'agissait de présenter la vie, la pensée et l'oeuvre de quelques personnalités marquantes de l'univers conservateur. Une première formule consista à filmer ces rencontres au domicile même des personnalités : il y eut ainsi plusieurs épisodes de conversations avec Alain de Benoit, Renaud Camus, Jean-François Gautier, Bernard Lugan, Jean-Marie le Pen et Jean-Frédéric Poisson... La formule changea en 2020, devenant « Les Conversations du Nouveau Conservateur *». On trouvera ci-dessous la liste des invités (qui sont le plus souvent des auteurs ou contributeurs du Nouveau Conservateur), en gardant à l'esprit qu'il s'agit, non point « d'interviews », au sens journalistique du terme (exercice très répandu), mais bel et bien de conversations au sens du dictionnaire : « échange de propos ». L'art français de la conversation fut fort bien défini par Watteau, qui y consacra plusieurs toiles, décrivant les interlocuteurs « voltigeant de propos en autres, comme des abeilles qui rencontreraient en leur chemin diverses sortes de fleurs ».*

... ET SUR RADIO COURTOISIE

Le Libre Journal de la Résistance française **(créée par Serge de Beketch) est animée une fois par mois par Catherine Rouvier (prochaines émissions : 29 mai , 26 juin) et une fois par mois par Paul-Marie Coûteaux (prochaines émissions : 22 mai , 19 juin).**

Signalons aussi les émissions de Laurent Artur du Plessis tous les vendredi à midi.

Invités des *Conversations du Nouveau Conservateur* sur TVL

Alain de BENOIST (2018), Renaud CAMUS (2019), Jean-François GAUTIER (2020) ;

2021 : Eric ZEMMOUR, Jean-Frédéric POISSON, Bernard LUGAN, Jean-Marie LE PEN ;

2022 : Anne COFFINIER, François-Louis de VOYER D'ARGENSON, Guillaume de TANOUÄRN, Christine BOUTIN, Bruno GOLLNISCH, Anne MANSOURET, Olivier GERMAIN-THOMAS, André BERCOFF, Guillaume PELTIER, Edouard HUSSON, Jean-Luc JEENER , Christian MEGRELIS ;

2023 : François ASSELINEAU (5 émissions), Frigide BARJOT, Caroline GALACTEROS, Michel MAFFESSOLI, le Général Jean-Bernard PINATEL, François MARTIN, l'Ambassadeur Pierre MENAT, Jean-Marie ROUART, François GIBAULT, Philippe de SAINT-ROBERT, Laurence TROCHU, Jean-Christian PETITFILS…

2024 : Jean-Marc BERLIERE, Loïk LE FLOCH-PRIGENT, Jean-Yves LE GALLOU, Éric ZEMMOUR, Mathieu BOCK-COTE, Nicolas DUPONT AIGNAN , Frédéric ROUVILLOIS, Boualem SANSAL, François BOUSQUET.

Au Théâtre du Nord Ouest

Jean-Luc Jeener : « Je défends un théâtre chrétien et revendiqué comme tel »

Rencontre avec un directeur singulier qui se fait l'avocat d'un théâtre de l'incarnation dans un lieu historique où Édith Piaf venait chanter, y croisant pour la première fois Marcel Cerdan, et qui a vu débuter Yves Montand et Charles Trénet. Comédien, critique théâtral à Valeurs actuelles, il s'exclame : « Mon don, c'est la mise en scène ».

Jean-Luc Jeener est connu pour se faire une idée très précise du théâtre en France. Loin d'un théâtre destructuré, il croit plutôt au théâtre de l'incarnation Il en donne cette définition : « montrer l'homme dans toutes ses dimensions avec rigueur et sans autocensure, comme dans un monde parallèle. Celui dont rêvait Cocteau derrière le miroir. Ou derrière une glace sans tain avec des règles qui ne sont pas exactement les mêmes que dans notre monde à nous. » Ainsi se confie-t-il dans son essai brûlant *Pour en finir avec le théâtre*. Tout l'enjeu du théâtre du Nord-Ouest est ici, dans cette façon si fervente de monter des pièces avec des personnages incarnés. D'où sa folle volonté de jouer les grands auteurs en intégralité. Les habitués du Nord-Ouest se souviennent des « Intégrales » Molière, Musset, Labiche, Feydeau, Montherlant ou Shakespeare. Un défi extraordinaire et unique en Europe, relevé par Jean-Luc Jeener et sa troupe intrépide de l'Élan. Il ajoute : «Pour que le théâtre fasse définitivement sens, il faut donc absolument qu'il se coltine au réel. Mais comme dans un monde où les humains vivraient selon les mêmes lois et, quasiment, les mêmes règles.» Ce théâtre a pour vocation de faire croire au public à des personnages véridiques. Scapin doit frapper Géronte mais pas le blesser. Et puis, « il n'y a pas besoin de croire en Dieu pour jouer un saint ni d'avoir tué pour interpréter un criminel. » Ce qu'on attend d'un comédien, metteur en scène ou spectateur, c'est ce point ultime qui s'appelle l'hypostase et dont parle si bien Jeener. Ainsi, comme il l'écrit, « l'expérience des autres humains, doublée de celle des personnages dont il prend la peau, doit suffire au comédien pour la réaliser pleinement ».

Un lieu d'art et d'essai

Quand, en 1997, Jean-Luc Jeener reprend le Passage du Nord-Ouest, au fond d'une cour d'une rue fréquentée du 11e arrondissement de Paris, il vient de quitter la crypte Saint Agnès et ses 80 places, en l'église Saint-Eustache. Il y a officié pendant neuf ans en ayant mis en scène notamment Racine et Montherlant dans un dépouillement et une austérité qui encourageaient le public à mieux se concentrer pour apprécier de grands textes comme *Bérénice, Port-Royal* ou *Le Maître de Santiago*. Justement, cette pièce il la rejoue avec dix comédiens bénévoles et ce soir-là, après deux heures de scène,

Jean-Luc Jeener dans la pièce Montherlant, Le Maître de Santiago *sur la scène de son théâtre.*

incarnant don Alvaro, il nous reçoit dans son bureau et se confie : « J'ai eu des problèmes avec le curé, un de ces curés de gauche qui vous dégoûte du christianisme, confondant charité avec générosité et spiritualité. Il m'accusait de faire du théâtre bourgeois car je montais du Racine ! Il me disait que les jeunes de la cité ne pourraient pas comprendre. Je lui disais qu'ils auront peut-être des professeurs qui les aideront à comprendre. Il y a des liens, des relais, on a des apprentis, on a des amis, on a des professeurs, qui vous amènent à quelque chose. L'alexandrin est une langue comme le Montherlant est une langue, le Claudel est une langue. »

Qu'à cela ne tienne, le fougueux Jeener a su rebondir et grâce à des relations et beaucoup d'amis, il a pu s'installer dans cet ancien cabaret des années 30 qu'il nomme aussitôt Théâtre du Nord-Ouest, aménageant à sa façon les deux salles, de 100 et 60 places. Aujourd'hui, ce sont 500 comédiens qui se relaient chaque jour. « Mon idée forte n'a pas changé, s'enflamme t-il : on a remplacé la production de l'argent par la production du travail, ce qui devrait être béni par tous nos amis de gauche mais ils me maudissent en disant que je suis un exploiteur, que je suis un méchant qui casse le travail des autres. Alors que c'est la seule solution. Si aujourd'hui, en France, une troupe qui joue du théâtre n'est pas subventionnée, elle ne peut pas monter un spectacle de plus de trois comédiens. » Facétieux, Jeener est fier de faire aussi, des lectures, qu'il s'agisse de Léon Daudet, de Léon Bloy ou de Céline : « Céline, c'est une merveille. J'ai même lu Bagatelle pour un massacre et ma femme est juive. Je me suis régalé même quand il dit les pires horreurs. » confie-t-il en souriant. Une dernière boutade : « Il y a ici les plus mauvaises et les meilleures pièces de Paris car c'est un lieu d'art et d'essai où l'on donne sa chance aux débutants. Je défends un théâtre chrétien et revendiqué comme tel dans lequel travaillent 90 % des gens qui ne le sont pas.» Tel est cet homme fou de théâtre, travailleur acharné, qui ne compte jamais ses heures ni sa peine pour offrir aux spectateurs des créations uniques à Paris. ■

Gilles Brochard

EXCLUSIF

Conférence-coquetèle du *Nouveau Conservateur* *avec* ***François Asselineau***

Désormais, au lendemain de la publication de chaque numéro, *Le Nouveau Conservateur* proposera **une conférence-coquetèle au restaurant Roger la Grenouille** - institution réputée pour sa cuisine bistrotière très parisienne et son atmosphère chaleureuse - suivie pour ceux qui le désirent d'un dîner spécialement conçu par Damien Bourguignon, notre hôte, qui réservera spécialement pour nous une salle, mise à notre disposition.

Nous vous donnons rendez-vous pour cette première conférence-coquetèle
le mardi 21 mai 2024 à 18 heures précises
au restaurant Roger La Grenouille
28, rue des Grands Augustins, 75006 Paris (M° Odéon)

La conférence-coquetèle sera suivie, pour ceux qui le souhaitent par un dîner.

Ancienne cordonnerie, **Roger La Grenouille** est un bistrot créé en 1930 par Roger Spinhirny qui, un temps, offrit aux orphelins de Paris un repas tous les jeudis, lui qui fut abandonné avec son frère dès la naissance.

Réputé pour sa cuisinecanaille et généreuse (pâté en croûte, soupe à l'oignon, fritots de grenouilles, poulet au vin jaune et aux morilles, blanquette de veau., côte de boeuf «Polmard héritage»...), sa carte de champagnes et de vins très étoffée, comme pour son décor authentique, formé de tableaux, de dessins, d'affiches, de coupures de presse et d'objets hétéroclites (comme cette hélice d'avion ayant appartenu à un avion de St Exupéry), **Roger la Grenouille** a vu défiler bon nombre de personnalités éminentes, dont Pablo Picasso qui avait son atelier non loin, au 7, rue des Grands Augustins, où il se mit à peindre sa toile Guernica qui sera exposée lors de l'Exposition universelle. Après-guerre, ce fut le rendez-vous des artistes : Balthus, Saint-Exupéry, Mistinguett, Michel Galabru aimaient y prendre leur repas. On dit même que Roger la Grenouille eut droit aux visites du pape Jean XXIII et de la reine mère d'Angleterre.

C'est ainsi que Roger la Grenouille perpétue aujourd'hui une partie de l'esprit de Saint-Germain-des-Prés.

Conférence-coquetèle (18 h) : 30 € - Dîner : 60 €

À régler sur place.

Roger La Grenouille
28, rue des Grands Augustins, Paris 6e.

Réservation obligatoire en vous inscrivant par courriel avant le 19 mai :

g.brochard75@gmail.com

Le nouveau Conservateur

QUI SOMMES-NOUS ? LA REVUE VIDÉOS LE JOURNAL DE PMC CONTACTS

Le site du *Nouveau Conservateur*, un relais indispensable pour ses lecteurs

Le site du *Nouveau Conservateur* a pour volonté d'être une courroie de transmission de la revue. Non seulement il est un outil indispensable pour relayer les émissions de Paul-Marie Coûteaux sur Radio Courtoisie ses « Conversations » sur TVL, comme son journal mensuel, mais il offre la possibilité de lire sans abonnement des chroniques et des tribunes sur l'actualité politique, économique et culturelle, mises à jour régulièrement.

Il est un lieu d'échange et de réflexion dans la trajectoire que nous nous sommes fixée, fondée sur l'esprit conservateur qui se veut l'instituteur d'une double réconciliation : de la droite avec elle-même, d'abord ; mais aussi des Français avec l'essentiel d'eux-mêmes.

Voici quelques exemples de ce que l'on peut lire au fil des semaines sur le site du Nouveau Conservateur :

Philippe de Saint Robert et Paul-Marie Coûteaux : Hommage à Philippe de Gaulle

« Quand, à presque cent ans, il s'abonna au *Nouveau Conservateur,* nous envoyant un chèque si tremblé qu'il était presque illisible, j'avais pensé, dans ma joie, qu'il était naturel que cet homme fût devenu si vieux, tant il était simple. »

Paul-Marie Coûteaux

« J'ai souvent rencontré Philippe de Gaulle et j'ai correspondu avec lui. Il eut la bonté de m'écrire que j'étais de ceux qui avaient le mieux compris son père. C'était moins un compliment qu'il voulait me faire qu'une distance qu'il voulait marquer avec des héritiers politiques qui ne se cachaient pas d'organiser des aggiornamentos avec l'essentiel de son grand dessein. (...)

Philippe de Saint Robert

Roger Karoutchi : Vous ne pouvez pas changer l'histoire de France

« Cette nation, elle est fière des jeux olympiques, mais elle ne veut pas être effacée, elle ne veut pas que ces symboles, cette histoire qui ont fait cette nation, soient effacés, reniés. (...) Il y a une croix sur le dôme des Invalides depuis 350 ans, il y a une croix au sommet de la flèche au sommet de Notre Dame, et nous étions tous très fiers, il y a trois mois pile aujourd'hui que cette croix soit rétablie. (...) Faites la nation, toute la nation, la république, toute la république, la France, toute la France mais n'effacez pas nos symboles. »

Laurence trochu : Bâtir un avenir conforme à notre histoire !

« Pour nous, Français, notre tâche consiste à réveiller et faire vivre l'âme de la France. Qu'est-ce que l'âme de la France ? C'est l'âme d'un peuple qui ne veut pas disparaître, pas subir, pas s'incliner, mais durer. C'est notre force et nous la trouverons dans notre volonté impitoyable de ne plus rien céder aux faiblesses du découragement et de l'abandon. »

François Martin, à propos de Vladimir Poutine conversant avec Tucker Carlson

« Au fil de plus de deux heures d'entretien, le président russe a littéralement pris les rênes pour reprendre le fil de l'Histoire et s'inscrire dans le temps long. Une Histoire dans laquelle Vladimir Poutine a replacé la Russie, l'Union Soviétique et l'Ukraine mais aussi le récent conflit suscité par les États-Unis et leur bras de l'OTAN, que l'Ukraine ne pourrait jamais gagner. Vladimir Poutine dénonce le rôle de la CIA dans des opérations de déstabilisation, du Caucase à Nord Stream et Maïdan en passant par la Serbie et bien d'autres. »

Rejoignez chaque jour : **https://lenouveauconservateur.org/**

Nos lecteurs nous écrivent

Continuez à nous écrire, chers lecteurs ; nous ne pouvons pas publier tous vos courriers, mais nous les lisons tous. Indiquer votre numéro de téléphone permet quelquefois de vous répondre de vive voix !...

Dans ces temps de grande décadence, il est nécessaire que les hommes de bonne volonté se ressaisissent et s'unissent pour sauver notre France et vous êtes bien placé par votre culture et par votre audience sur les médias « encore libres » (radio-courtoisie, TVL) pour susciter cette union : déjà aux élections européennes, il faut qu'il y ait une liste unique pour sortir de l'actuelle Europe qui détruit notre pays … Il faut que notre peuple redevienne fier, mais comment secouer « le Landernau » ? Je suis toujours disponible à me joindre à une action pour notre malheureux pays. Merci pour tout ce que vous faites ! **Nicole Boucher,** Signy l'abbaye

*

Je viens de découvrir, dans une librairie, Le Nouveau Conservateur, revue que je ne connaissais pas : Toutes mes félicitations et vœux de succès. **Guy Carlier,** Saumur

Merci pour vos témoignages d'encouragement, que nous gardons pour nous avec gratitude. Si nous publions celui-ci, c'est qu'il souligne un point important : Le Nouveau Conservateur se trouve dans une vingtaine de librairies, principalement à Paris où nous pouvons les livrer nous-mêmes (cf. la liste p. 153) mais il est aussi possible de le demander dans n'importe quelle librairie : le libraire est tenu de le commander. Nous prions donc nos lecteurs de commander notre revue à leur libraire, ce qui contribue très utilement à la faire connaître. Merci pour vos encouragements et... vos initiatives ! / ***La rédaction.***

*

Un de nos plus fidèles nos lecteurs, Benoît Marchand, nous envoie régulièrement des commentaires incisifs ; nous ne pouvons publier tout ce qui mériterait de l'être. Du moins en avons-nous retenu trois.

Pour commencer, M. Marchand regrette que ne soit jamais repris un propos du pape François sur le conflit en Ukraine, propos publié pourtant par l'un des plus grands quotidiens italiens, Le Corrière delle Serra, *le 3 mai 2022 : C'est l'aboiement de l'OTAN à la porte de la Russie qui a poussé le chef du Kremlin à mal agir et à déclencher le conflit. Notre correspondant poursuit : L'Ukraine n'est pas un pays démocratique ; de plus, c'est un des pays les plus corrompus au monde, que l'on fuit depuis sa création. Que l'Ukraine soit placé sous administration ukrainienne ou russe revient au même pour l'ukrainien moyen qui est avant tout de culture russe, mis à part une minorité qui habite la partie occidentale de l'Ukraine, de culture germano-polonaise. Soutenir l'Ukraine, ce n'est pas défendre la liberté, c'est attiser la haine, encourager la haine de nombreux ukrainiens vis-à-vis du pouvoir de Moscou. Car l'Ukraine, pays agricole très riche, a viscéralement rejeté le communisme ; mais on ne peut construire une nation sur un simple rejet idéologique, surtout quand cette idéologie a disparu. (…) Fondamentalement, l'Ukraine reste un pays de culture russe. Le président ukrainien, dès qu'il fut élu en 2019, se déclara ennemi de la Russie : comment un chef d'Etat peut-il dire une chose pareille ?*

En second lieu, M. Marchand écrit ceci : ***Les auteurs des tueries sur la voie publique ne sont pas des néo-nazis, ce sont des musulmans non assimilés fanatisés par leur religion. Je suis consterné par l'imbécillité des médias quand il s'agit de traiter ce problème, somme toute grave. Sur France 5, un monsieur très sérieux a parlé d'une conférence internationale de 1936, pendant laquelle aucun pays européen n'avait voulu accueillir les juifs allemands : la comparaison avec nos immigrés est stupide parce qu'ils ne sont pas menacés de mort dans leur pays d'origine ; or, la guerre d'Algérie est terminée depuis longtemps, et tôt ou tard, on aura besoin de Syriens pour reconstruire la Syrie. En 1940 ? les Français n'ont pas émigré en masse vers des pays étrangers, ils sont resté en France malgré le danger.***

Enfin, ceci : ***Ce qui distingue !e la gauche de la droite, c'est que la droite attache de l'importance à l'identité d'une nation ; la gaucche aucune. Il est désespérant de ne plus reconnaître le pays où l'on habite. ».*** **Benoît Marchand**, *Paris*

*

Citons aussi une longue lettre d'un autre abonné fidèle au sujet des Conversations du Nouveau Conservateur diffusées deux fois par mois sur TVLibertés - cf p. X : ***Vous nous offrez sans relâche de véritables trésors de culture et d'intelligence, tirant souvent d'une demi-obscurité, ou de leur humble discrétion des personnalités qui méritent d'être révélées. L'œcuménisme de vos choix contribue à la richesse du panorama intellectuel que vous déroulez au fil de ces Conversations pour l'honneur et la fierté de notre mouvance trop souvent réduite à l'expression triste et mécanique de ses obsessions électorales. De la sorte, vous nous permettez de découvrir la profondeur des personnes de notre camp et nous redonnez un brin d'espoir. En effet, comment la somme de ces talents, non seulement serait-elle pas l'avenir de l'intelligence, malgré notre inaptitude à l'unité, notre aversion congénitale pour l'organisation, et la dimension lilliputienne de ceux qui, parce qu'il se sont haussés du col, s'imaginent avoir l'envergure de chefs ? ».*** **David Savalgnac**, *Droué sur Drouette*

*

Merci enfin à M. Jean Dautremer qui se présente lui aussi comme « lecteur assidu du *Nouveau Conservateur* » tout en pointant une faute récurrente, dit-il, consistant à conjuguer le verbe « ressortir » comme « sortir », alors qu'il se conjugue comme « finir ». Ainsi ne dit-on pas « cela ressort à l'essence des êtres », mais « ressortit à l'essence des êtres ».

Comme nous avons de bons lecteurs ! Merci à tous ! Ecrivez-nous !

La rédaction